The Sealed Islands of Japan

封印された日本の離島

歴史ミステリー研究会編

彩図社

まえがき

日本地図というと、北海道、本州、四国、九州、そして沖縄本島という列島を構成する5つの島が描かれることが多い。

だが日本には、そこに描かれていない離島が6847もあるのを知っているだろうか。

しかも、その中で人が住んでいる有人離島は、現在わずか258島しかない。

なかには沖縄県の与論島や石垣島などのようにビーチリゾートとして有名な島や、兵庫県の淡路島のような人口10数万人という大きな島もあるが、多くは住民も少ない小さな島である。ちなみに、それ以外の6500あまりの島々は無人島だ。

地理的に人間が行くのが困難だったり、過去には海賊に支配されて寄りつくことができなかったという島もある。まるで長い間、封印されたかのように手つかずのままの島も少なくないのだ。

そんな、あまり人の目にさらされていない離島の謎や秘密に迫ってみようと試みたのが本書である。

たとえば、野生動物に〝占領〟されてしまった無人島があるかと思えば、沖縄には1年にたった3日間だけその姿を現すという不思議な島もある。

かつては多くの人が移り住んだにもかかわらず、時代の流れとともに廃墟になってしまった島はどうなっているのか。

また、広島にはほんの数十年前に地図上から消されてしまったという島もある。いったい、そこにはどんな事情があったのだろうか……。

ガイドブックやパンフレットにはおそらく書かれることのない知る人ぞ知る島には、奇怪な風習やタブーが残っているところも少なくない。

読み進めていくうちに思わず立ちすくんでしまうか、あるいはその謎に魅せられて実際に島を訪れてみたくなるかは、読者の判断におまかせしたい。

2013年6月

歴史ミステリー研究会

第1章 人を寄せつけない禁断の島

人口密度が世界一だった「軍艦島」（長崎県端島）……12
1年に3日だけ姿を現す幻の島（沖縄県八重干瀬）……16
いまも女人禁制の禁忌を守る「海の正倉院」（福岡県沖ノ島）……20
戦時中、地図から消された島（広島県大久野島）……24
野生のヤギに占領された島（沖縄県魚釣島）……28
祭の間は部外者立入禁止になる島（沖縄県新城島）……32
火山噴火のため一時は無人島になった島（鹿児島県諏訪之瀬島）……36
触ると祟られる首塚がある島（兵庫県煙島）……40

元寇最大の激戦地になった島（長崎県鷹島）……44
東京湾に浮かぶ人工の無人島（東京湾海堡）……48
野生動物のせいで閉鎖された島（京都府戸島）……52
海賊の根城になっていた島（愛媛県怪島）……56
5000万年続く絶海の孤島（沖縄県南大東島）……60

第2章 有名な島の知られざる事実

もとの大きさの5倍になった巌流島（山口県船島）……64
かつて世界一の金産出量を誇った「黄金の島」（新潟県佐渡島）……68
マグマでできている屋久島（鹿児島県屋久島）……72

第3章 独自の歴史や文化を持つ島

島流しにされた賢人たちが築いた島（東京都八丈島）……76
本当にあった「ひょっこりひょうたん島」（愛媛県瓢箪島）……80
日本人が近づけない日本の島（島根県竹島）……84
所属する県が変わった淡路島（兵庫県淡路島）……88
トカラ列島に実在する「宝島」（鹿児島県宝島）……92
『獄門島』のモデルになった島（岡山県六島）……96
壮絶な人減らしがあった南の島（沖縄県与那国島）……100
一勝一敗がお約束の相撲が生きる島々（島根県隠岐諸島）……104

【封印された日本の離島】もくじ

地震によって1日で消えた幻の島（大分県瓜生島）……110
神様の首から生まれた島（滋賀県竹生島）……114
風葬の痕跡が残る「神の島」（沖縄県大神島）……118
特攻隊が残した花が咲く島（鹿児島県喜界島）……122
254基もの古墳がある島（福岡県相島）……126
キリシタンたちが流された島（岡山県鶴島）……130
「鬼のすみか」の洞窟がある島（香川県女木島）……134
島全体が恐竜化石の博物館になっている島（熊本県御所浦島）……138
900年前の悲劇が残る島（鹿児島県硫黄島）……144
頼朝ゆかりの個人所有の島（千葉県仁右衛門島）……146
ムツゴロウさんが住んでいた島（北海道嶮暮帰島）……150

第4章 めずらしい神々が住む島

謎の古代遺跡「ケルン」が残る島（石川県舳倉島）……154
1人に2つの墓を作る島（香川県佐柳島）……158
どこにも墓がない島（山口県笠佐島）……162
シュメールと古代日本の接点を示唆する島（山口県彦島）……166
何百種もの野鳥が飛び交う島（山形県飛島）……170
埋蔵金伝説を生んだ瀬戸内海の島々（瀬戸内海全域）……174
神秘の七不思議が伝わる島（大分県姫島）……178
工事なかばで放置された建物が残る島（沖縄県瀬底島）……182

異形の神「ボゼ」が現れる島（鹿児島県悪石島）……186
人に泥を塗って幸せにする神「パーントゥ」（沖縄県宮古島）……190
シャーマンと共生する人々の島（東京都青ヶ島）……194
神の名は「ミルク」（沖縄県波照間島）……198
神様が新年を運んでくる島（鹿児島県甑島）……202
神様でもある鬼「砂鬼」（長崎県福江島）……206
12年に1度選ばれる神女たち（沖縄県久高島）……208
菅原道真を救った犬を祀る島（岡山県犬島）……212
ガジュマルの精霊がいる島（沖縄県ヤガンナ島）……216

第1章
人を寄せつけない禁断の島

人口密度が世界一だった「軍艦島」

長崎県端島	面積：0.06km² 周囲：1.2km 人口：0人

長崎県は、さまざまな見どころがある場所だ。異国情緒を感じさせる旧グラバー邸や大浦天主堂、訪れるたびに平和について考えさせられる平和公園など、古くから外国文化の影響を受けてきた土地らしく、街のそこかしこに異国の香りが漂っている。しかも、三方を海に囲まれているために多くの島々もある。

そのひとつが、長崎港から約19キロ、県南部の長崎市の沖合に浮かんでいる端島《はしま》だ。周囲1・2キロ、面積は6万3000平方メートルという小さな人工島である。

ただし、この正式名称よりも、**「軍艦島」**といったほうがピンとくる人が多いのではないだろうか。

軍艦島

高さ10メートルの岸壁をめぐらし、その上に大きな建物が建ち並ぶさまはさながら要塞のようだ。その姿が戦艦「土佐」に似ていることから、軍艦島という呼び名がついたのである。

軍艦島は、〝黒ダイヤ〟と呼ばれた石炭を採掘する海上の炭坑都市だった。最盛期には5000人以上の人々がこの島で暮らし、**当時、世界でいちばん人口密度が高かった**といわれている。

これほどの繁栄を誇っていた軍艦島だが、いまでは不気味なほど静まり返っている。1974（昭和49）年の閉山以降、島は無人島になってしまったのだ。

住む人もないまま放置された建物だけが、なかば朽ちかけながらゴーストタウンのように海上にたたずんでいるのである。

軍艦島が本格的に開発されたのは明治時代のことだ。海底炭坑から豊富な石炭を産出し、明治・大正・昭和の3時代を通じて日本の近代化を支えてきたのである。

ここには炭坑労働者だけでなく、その家族たちも住んでいたため**島全体がひとつの街を形成していた**。住居、商店、銭湯、床屋や美容院、酒場、遊技場などが完備され、子供たちが通う学校までつくられていた。

たとえば、島の南西部にある30号棟アパートは、地下1階、地上7階という立派な建物である。これは1916（大正5）年に建てられたものだが、日本初の鉄筋コンクリート造りの高層アパートだった。さすがに内部は荒れ果てているものの、長年風雨にさらされながらも建物自体はまだ健在だ。

このほかにも、7階建てや9階建てといった高層アパートが多い。限られた土地の中により多くの人が暮らすためには建物を高層化するしかなかったのだろう。

また、日本最初の空中庭園や海底水道などもある。軍艦島は当時の最先端技術を結集してつくられた島だったのだ。

炭鉱労働者たちの収入は高かった。当時のサラリーマンの倍以上を稼ぐことも可能だったし、食卓にはまだ庶民には縁遠かったビフテキが上ることもしばしばだったという。そ

軍艦島に残る廃墟

のかわりに労働はきつい。蒸し暑い炭坑の中での肉体労働に加え、落盤、出水、爆発といった危険と常に隣り合わせでの作業になるからだ。

ところで、無人島になってから35年、軍艦島はその眠りから覚めることになった。2009（平成21）年4月から、この島への上陸が可能になったのである。

見学コースとして整備されているのはおよそ230メートルだけだが、主だった建物は見渡すことができる。

長い間うち捨てられ、すっかり廃虚と化してしまった軍艦島。再び人間の息づかいを感じて、島はいま何を思っているのだろうか。

1年に3日だけ姿を現す幻の島

沖縄県 八重干瀬	面積：不明 周囲：不明 人口：0人

沖縄の離島、と聞くと不思議と神秘的なイメージを連想してしまいがちだが、実際に1年にたった3日だけ海から姿を現すというまさに〝神がかった島〟が存在する。島自体がその姿を見せたり隠したりするとは、はたしてどういう島なのだろうか。

那覇のある沖縄本島からさらに飛行機で50分ほど南西へ行くと、サトウキビ畑の広がる宮古島が見えてくる。その宮古島の北端にある池間《いけま》大橋の先に池間島があり、そこから北へ船で30分ほど行くと、ようやく幻の島・八重干瀬《やびじ》にたどり着く。

たどり着くとはいっても、もちろんいつもそこで島を見ることができるわけではない。普段はあたり一帯に海面が広がっている。

サンゴのかけらでできた八重干瀬

海底が見えるほどの透明度を誇り、色とりどりの魚たちが出迎えてくれることから、ダイビングスポットとしても人気のあるこの八重干瀬だが、じつはこの名前が島の正体を物語っている。

干瀬《ひし》とは、サンゴ礁などでできている浅瀬のことだ。つまり八重干瀬とは、「8つの干瀬からなる場所」という意味なのである。

サンゴ礁が8つ集まるといったいどれくらいの規模になるか想像できるだろうか。

潮が引いて露出したときには南北約10キロメートル、東西約7キロメートルという宮古島の10分の1の大きさの浅瀬になる。**国内最大のサンゴ礁群**なのである。

毎年4月上旬、旧暦の3月3日頃に八重干瀬では伝統行事である「サニツ」が行われてきた。

サニツは、潮が引いたときに現われる広大なサンゴの干潟に女性たちが下りて遊ぶという風習で、これがその年の海開きの合図でもある。海水を3回浴びると身を清められるとされていて、この日はご馳走を詰めたお弁当を持って集まり、一日中潮干狩りなどを楽しんで過ごすのだ。

いまではこの八重干瀬が顔を出す時期に合わせて「八重干瀬まつり」と呼ばれるツアーが企画され、毎年多くの観光客がフェリーで八重干瀬をめざしている。

ツアーが大人気なのも当然だ。なにしろ幻の島へのつかの間の〝上陸〟を楽しむことができる、1年でたった一度のチャンスだからである。驚くほど透明な水から姿を現すサンゴ礁群は、思わず見とれてしまうほど色鮮やかで美しい。

もちろん、ガイドの指示の通り、生きているサンゴ礁は踏まないように慎重に歩かなくてはならない。

ところでなぜ、1年の間でこの決まった時期にだけ、海中に隠れていた巨大な浅瀬が姿を現すのだろうか。

潮の満ち引きは月の引力によるとされているが、月と太陽が同一線上に並ぶと、月の引

出現した「幻の陸地」八重干瀬を散策する観光客（写真提供:共同通信社）

力にさらに太陽の引力が加わって大きく潮が引く**「大潮」**と呼ばれる現象が起きる。この八重干瀬が現れる4月上旬はまさにこの大潮の時期にあたるのだ。

そのために、海中にあるサンゴ礁が海面に姿を現すというわけなのである――などと理屈では説明がつくものの、そもそもサンゴ礁がそこまで群れをなしていなければこれほどまでに大きな浅瀬を見ることはできないのである。

また、この八重干瀬が現れる頃は不思議と海が荒れる日が多いという。島を守る海の神によるものなのだろうか。

月と太陽、そして海。八重干瀬は、自然の力の偉大さを見せつけられる島である。

いまも女人禁制の禁忌を守る「海の正倉院」

福岡県 沖ノ島	面積：0.69km²
	周囲：約4km
	人口：1人

　福岡県の北西、九州と朝鮮半島の間に横たわるのが玄界灘である。海の難所としても知られるが、古くから海上交通の要所でもあった海域だ。その玄界灘には、対馬や壱岐《いき》などの島があるが、その真ん中にポツンと浮かぶのが沖ノ島である。周囲には島はない。宗像《むなかた》市の神湊《こうのみなと》から約60キロ、対馬から約75キロという場所にあり、周囲およそ4キロ、面積は0・69平方キロメートルという、ごくごく小さな島だ。

　太古の昔からの原生林が生い茂り、巨岩が連なるこの島は、波の音と鳥の声しか聞こえないほどの静寂に包まれている。それもそのはずで、沖ノ島の人口はゼロなのだ。

　実際には宗像大社から派遣された神職が年間を通じて交代で島を守っているとはいえ、

船上から見た沖ノ島（写真提供：宗像大社）

たったひとりであり、ほぼ無人島といって差し支えない状態なのである。

しかし、こんなに小さな無人島であるにもかかわらず、沖ノ島は古代より神聖な場所として崇められてきた。

なぜなら、ここは神話の時代に神が降り立ったという「神の島」なのだ。そして、神の島であるがゆえに**犯してはならないタブーが現代に至るまで守られている**のである。

九州本土の宗像市田島には宗像大社総社・辺津宮があり、こちらは誰でも参拝することができる。この宗像大社総社・辺津宮と沖ノ島の沖津宮、筑前大島の中津宮を総称して「宗像大社」という。

というのも、「記紀」によれば、天照大神は、田心姫神《たごりひめのかみ》（長女神）を沖ノ島に、湍津姫神《たぎつひめのかみ》（次女神）を筑前大島に、市杵嶋姫神《いちきしまひめのかみ》（末女神）を田島に遣《つか》わしたとされているからだ。3人の女神が一体となって、九州北部から大陸に続く海の道・海北道中《うみのきたのみちのなか》を守ってきたのである。

田心姫神を祀《まつ》る沖ノ島は島全体がご神体で、**一般人の立ち入りは制限されており、**いまもなおいくつかの禁忌が守られている。

ひとつは、島に立ち入る際には、海中で禊《みそぎ》を行わなければならないというものだ。これは神職であっても欠かすことのできない掟である。5月27日には大祭が行われ、この日ばかりは一般人（定員250人）も上陸して沖津宮に参拝することが許可されるが、禊を行ってから上陸することになっている。

また、島にあるものは一木一草一石たりとも持ち出すことは禁じられている。さらに、かつては島で見聞きしたことは口にしてはいけないという掟もあったため、島は「御不言様《おいわずさま》」とも呼ばれていた。

そして、タブーの最たるものが、**女人禁制**であろう。古来より子孫繁栄を是《ぜ》とする日本の伝統から、女性は一歩も島に立ち入ることができなかった。いまでも女人禁制は守られており、大祭の日にも島に渡れるのは男性参拝者だけで、女性は大島の遥拝所から島を拝

沖ノ島に鎮座する宗像大社沖津宮。ここには宗像三女神の長女神・田心姫神が祀られている。（写真提供：宗像大社）

することになっている。

こうした神秘の島である沖ノ島に、学術調査の手が初めて入ったのは１９５４（昭和29）年のことだ。

大和朝廷の時代から大陸へと渡る要衝として栄えてきたこの島は篤《あつ》く信仰されており、大陸との交流を物語る奉献品が多く出土しているのだ。それら8万点はすべて国宝に指定されている。そのため、沖ノ島は〝海の正倉院〟とも呼ばれている。

２００８年には、ユネスコの世界遺産暫定リストにも入り、その重要性が再認識されている。ただし、厳格に守られてきた掟は連綿と生き続け、沖ノ島の神秘性はいまだ失われていないのである。

戦時中、地図から消された島

広島県
大久野島

面積：0.7km²
周囲：4.3km
人口：十数人

本州、四国、そして九州と合わせると11もの県に囲まれている瀬戸内海。そのライトブルーに輝く海原には大小合わせて約3000もの島々が浮かび、古くから「東洋のエーゲ海」とも称されている。

ところが、国内外から多くの観光客を集めるこの美しい瀬戸内の海にも悲惨な歴史が存在する。ある事情でその存在を地図上から消されてしまった島があるのだ。

広島県の瀬戸内海側にある小さな港町・忠海《ただのうみ》からフェリーで20分ほど行くと、緑に囲まれた小さな島が見えてくる。それが大久野《おおくの》島だ。

周囲4キロメートルほどとレンタルサイクルで回れるほどの広さの大久野島は、海水浴

島に残る毒ガス貯蔵庫（写真提供：カメ）

場に温泉、そして瀬戸内の豊かな海の幸を堪能できるリゾートアイランドとして、1年を通して多くの観光客が訪れている。

　また島には約300羽の野ウサギが生息していて、その愛らしい姿は観光客の心を癒してくれる。

　春のベビーラッシュには島のあちこちで産まれたばかりの子ウサギたちの姿を見ることができる。ウサギ好きの人々からは「ウサギ島」と呼ばれているほどだ。

　ところが、観光客の絶えないこの大久野島こそじつは**「地図から消された島」**なのだ。

　1929（昭和4）年、来たる第二次世界大戦に向けて旧日本軍はついに〝禁断の兵器〟の開発に手を染めることになる。それは「ジュネーブ議定書」で国際的に使用を禁止されている**毒ガス兵器**だった。

軍はこの大久野島に毒ガス製造工場をひそかに建設し、毒ガス兵器の開発にとりかかる。そのために軍が作成した当時の地図からは島の名前は消され、大久野島が存在するはずの場所は〝空白〟とされてしまったのだ。

一般人の立ち入りが禁じられた島は**「秘密要塞」**と化し、その存在は軍でも一部の人間にしか知らされていなかった。

工場には広島の学生や周辺の島々に暮らす人々が動員され、危険と知らされることもなく毒ガスの製造に携わった。しかし当時のマスクや防護服では毒ガスを完全に防ぐことは難しく、結果として工場は多くの犠牲者を出してしまう。80年たった現在でもガス障害の後遺症に苦しむ人がいるほどだ。

島で製造されていた毒ガスの中には、「イペリット」と呼ばれるマスタードガスも含まれていた。この毒ガスは皮膚をただれさせてしまう恐ろしいもので、イラン・イラク戦争で当時のイラク大統領サダム・フセインが使用したともいわれているものだ。

いまでもリゾート施設から一歩島の奥に足を踏み入れると、島のあちこちに毒ガス貯蔵庫など軍の施設の残骸を見ることができる。毒ガスを除去するために火炎放射器で焼かれ、ドス黒く焦げた壁をさらす廃墟もあちこちに残されている。

毒ガス資料館近辺に暮らすウサギたち。このエリアのウサギは、島でも最強の群れといわれている。(写真提供:カメ)

愛らしいウサギたちも、もとはといえば毒ガスを検知するために島で飼われていたウサギが殖《ふ》えていったものとさえいわれているのだ。

さらに、島には毒ガス障害による犠牲者の慰霊碑や、毒ガスの歴史を伝える施設としては世界的にも珍しい「大久野島毒ガス資料館」も建てられていて、当時工場で実際に使用されていた防毒マスクや防護服、毒ガスの精製に使われた実験器具や大きなタンクなどが展示されている。

資料館の壁に吊るされた無数の防毒マスクは、あたかも〝死に神〟の顔を思い起こさせる。戦争の犠牲となり、地図から消されてしまった大久野島の悲劇を無言のままいまに伝えているようである。

野生のヤギに占領された島

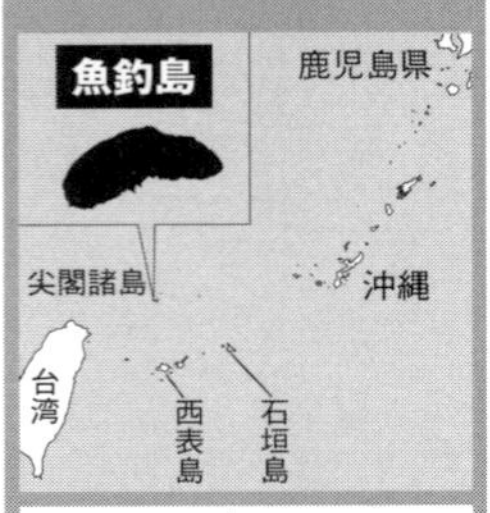

沖縄県	面積：3.82km²
魚釣島	周囲：約10km
	人口：0人

沖縄の離島、石垣島からさらに北北西に１７５キロほど行ったところに尖閣諸島がある。尖閣諸島とは、魚釣島《うおつりじま》、北小島《きたこじま》、南小島《みなみこじま》、久場島《くばじま》、大正島《たいしょうじま》という5つの島と、岩礁で構成される一帯を指す。どの島も原則的には誰も上陸することができない無人島だ。ただ、ずっと無人島だったわけではなく、かつて人が住んでいた時期もある。かつお節の生産やサンゴ漁を行ったりして、最盛期には尖閣諸島全体で２５０人近い住人がいたのだという。

尖閣諸島の中で最大の島は魚釣島である。といっても、周囲は約10キロ、面積は約４平方キロメートルといった小さなものだ。人が立ち入ることがないため、この島は豊かな自

尖閣諸島の島々。奥が魚釣島。（写真提供：毎日新聞社）

然に恵まれている。

　また、亜熱帯海洋性気候も影響して、さまざまな動植物の固有種が存在する独特の生態系を育《はぐく》んできた。

　しかし、いま魚釣島のこれらの貴重な自然が脅《おびや》かされているという。

　脅威となっているのは、なんと野生化したヤギだ。**数百頭にも増殖したヤギたちが貪欲に島の植物を食い荒らしている**のである。

　魚釣島には、センカクモグラやセンカクナガキマワリといった固有種をはじめ、いろいろな動物が棲息している。近くの島では、絶滅危惧種に指定されたアホウドリが繁殖しているのも確認されている。

だが、なんといっても目を見張るのは植物の種類が豊富なことである。センカクオトギリ、センカクハマサジといった固有種に加え、少なくとも３００種の植物が生い茂っている。そのうえ、いくつもの絶滅危惧種もまだ存在しているのだ。ところが、ヤギはそれがどれほど貴重なものなのか知る由《よし》もない。ただただ食欲に任せて植生を食べ続けているのである。

もともと魚釣島には、野生はおろかヤギそのものがいなかった。１９７８（昭和53）年に**島外から持ち込まれたヤギが、そのまま放置されてしまった**のだ。

エサとなる草木が豊富にあり、天敵もいないという好条件が重なり、ヤギはどんどん増え続けた。そして、当時たったひとつがいだったヤギは、30年の間に数百頭にまで膨れ上がったのである。

さらに深刻な問題は、ヤギの食害が植生にダメージを与えるだけに留まらないことだ。植物を食い尽くしてしまった土地は裸地になる。すると、がけ崩れが起こりやすくなったり、川の枯渇を招く原因にもなるのだ。

川がなくなれば、そこをすみかにしていた生物が絶滅する恐れも出てくる。つまり、島の生態系全体に影響をおよぼす結果になってしまうのである。

２０００（平成12）年の衛星画像の調査では、すでに魚釣島の13パーセントほどが裸地

魚釣島に生息するヤギ。ヤギの被害は他のいくつかの島でも見られる。（写真提供：横田昌嗣）

と化していることが確認された。

２００６（平成18）年の調査では、それが３割以上になっていると報告されている。さらにがけ崩れが進行していることが判明し、島全体に植生の衰退傾向が見られている。

こうした状況に危機感を覚えた専門家たちからは野生化したヤギの駆除を求める動きが出てきた。小笠原諸島でもヤギ被害が出ており、魚釣島だけの問題ではない。

現在、魚釣島の自然は破壊され、希少種の動植物が絶滅の危機に瀕している。これを守ることは重要な課題だ。

とはいえ、人間の都合に翻弄されるヤギたちもまた、哀れな存在だといえるのではないだろうか。

祭の間は部外者立入禁止になる島

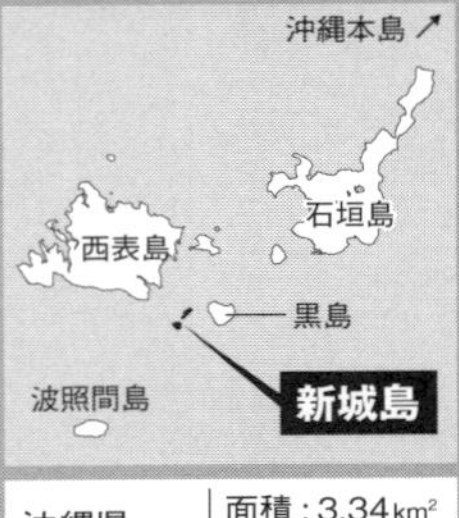

沖縄県 新城島	面積：3.34km² 周囲：11.0km 人口：十数人

沖縄本島から南西に４３０キロほど行くと、八重山《やえやま》諸島がある。主島の石垣島をはじめ、西表島《いりおもてじま》、竹富島、小浜島、与那国島など、19もの有人・無人の島が点在する海域だ。

そんな八重山の島のひとつに新城島《あらぐすくじま》がある。新城島は上地島と下地島の２つからなっており、両島の面積を合わせても3・34平方キロメートルという小さな島だ。

現在、下地島は放牧地になっていて、主に人が住んでいるのは上地島だ。だが、その上地島もひっそりとしていて住人に出くわすことはほとんどない。

それもそのはずで、２０１３（平成25）年1月現在、登録されている島の人口はたった

上空から見た新城島（写真提供：「航空測量撮影士の部屋」）

15人。往年は７００人を超えていたという村人もいまでは激減して、定期船さえも行き交わない島になっているのだ。

そして、美しい海に囲まれたこの小さな島は、外部の人間には明かされない謎めいた一面も持っている。ここには、数々のタブーや秘密が存在しているのだ。

定期船がないとはいえ、観光客もツアーなどで上陸することは可能だ。しかし、訪れたとしても島に点在する御嶽《うたき》に足を踏み入れることは禁じられている。御嶽は聖域とされているので、無関係な人間が立ち入るなど言語道断の行為なのだ。

集落のはずれには**〝人魚神社〟**とも呼ばれたイショウ御嶽があるのだが、簡素な鳥居の奥深くにはジュゴンを祀っているという。その昔、新城島ではジュゴンの肉を首里王府に献上し、漁師は漁に出る前にはこのイショウ御嶽に豊漁祈願をしたのだと伝えられている。

ここは立ち入りはもちろんのこと、写真撮影までもが禁止だ。それを犯した者は体調を崩し、禊《みそぎ》をするまで何年も回復しなかったという話もある。そして、新城島最大の謎とされているのが豊年祭だ。

このときばかりは、ふだん人気のない島が里帰りした人であふれかえるというが、参加できるのは島の出身者と一部の関係者のみ。たとえ島に着いたとしても**外部の人間は追い返されてしまう**という秘祭なのだ。

その秘祭の主役というと、豊穣の神であるアカマタ・クロマタと、新たに生まれた2人の子供である。みな身体中を山ぶどうの葉で覆い、恐ろしい形相の仮面をつけた姿で現れ、子供でも2メートル、親のほうはそれ以上の大きさで異様な迫力に満ちたものだ。

子供のアカマタ・クロマタがムチを振り上げながら走り始めると、人々は恐れおののいて逃げ惑う。なぜなら、このムチに触れると間もなく死んでしまうという言い伝えがあるからだ。その後、親のアカマタ・クロマタが豊穣と幸いを人々に授けるのだ。

そして、祭が終われば島はまた元のように静まり返り、秘密は守り続けられるのである。

「人魚神社」の鳥居。この先は立入禁止の神秘のエリアだ。（写真提供：『おきなわの離島 島の散歩』山岡成俊）

火山噴火のため一時は無人島になった島

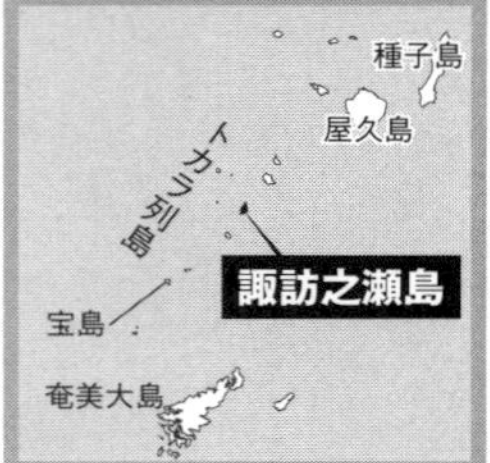

鹿児島県 諏訪之瀬島	面積：27.66km² 周囲：27.15km 人口：約70人

鹿児島県から沖縄へと至る海上には多くの島々が点在している。この中で、屋久島と奄美大島の間にあるのがトカラ列島だ。

トカラ列島は大小12の島で構成されており、全長はおよそ160キロにもおよぶ、南北に長い火山列島である。この12の島のうち、人が住んでいるのは7島で、あとの5つは無人島だ。2009（平成21）年の皆既日食の際、多くの観測者が訪れたことで有名になった悪石《あくせき》島もここトカラ列島にある。

このあたりの島々は、鹿児島と沖縄双方からの影響を受けつつ独特の文化を育《はぐく》んできた。また、豊かな自然も残しており、島固有の動植物も数多く存在する。

1998年の御岳の噴火（写真提供：毎日新聞社）

これらの島々のひとつに諏訪之瀬《すわのせ》島がある。周囲27・15キロ、面積27・66平方キロメートルで、トカラ列島では2番目に大きな島だ。北西部の溶岩台地には野生のマルバサツキが群生し、春になると赤やピンクの花々で一面が埋め尽くされる。

また、島の東側には作地温泉がある。ここへは陸からの道がなく、船でしか行くことができないという秘湯だが、満潮で海が穏やかなときにしか入れない。

しかし、なんといっても諏訪之瀬島を代表するのは島の中央部にそびえる**御岳《おたけ》**である。

標高799メートルのこの山は活火山で、トカラ列島のなかでももっとも活発な動きを見せているという。

御岳は過去にも噴火を繰り返してきた火山で、いまから200年近く前の大噴火では、全島民が島からの脱出を余儀なくされている。そしてこの噴火は、その後70年もの間、諏訪之瀬島を無人島へと変えてしまったのである。

火口からは、いまも1ヵ月に1回という頻度で火山灰が噴出している。

御岳は、〝ストロンボリ式火山〟という、世界でも珍しいタイプの火山に分類される。ストロンボリ式火山は、短めの間隔で火山弾や溶岩片を吹き上げることが特徴で、地中海にあるストロンボリ島のストロンボリ火山がその名の由来になっている。

一説には、このタイプの火山は世界にふたつしか存在しないともいわれている。本家のストロンボリ火山とここ御岳だ。

諏訪之瀬島を人の住めない場所に変えた大噴火が起きたのは、1813（文化10）年のことだ。

当時、50戸ほどあった**人家はほぼすべてが壊滅**し、200人あまりの住民は近隣の悪石島や中之島へと必死で逃れた。

ただ、これほどの大噴火だったにもかかわらず、驚くべきことに死者はひとりも出なかったという。

長いこと無人島と化していた諏訪之瀬島に再び人が戻ってきたのは、1883（明治16）年になってからのことである。奄美大島の藤井富伝《とみでん》が率いる有志27人が焼け跡の開拓に挑んだのだ。

とはいえ、すんなりと開拓が進んだわけではない。入植した翌年、またしても御岳は大噴火を起こしたのだ。

それでも、彼らは諦めなかった。この噴火では犠牲者もあったが、生き残った者たちは数々の困難を乗り越えて、少しずつ島を開拓していったのである。

その努力が実を結び、約10年後には36戸まで住民は増えていた。現在でも御岳は白い噴煙を上げ続けている。2000（平成12）年の噴火以来、活発な火山活動が見られるため、**火口から半径2キロ以内は立ち入り禁止**になった。

ときおり聞こえる爆発音や振動には不気味さを禁じえない。自然という脅威に対して人間はあまりにも無力だ。島を無人島に変えるような悲劇が二度と起こらないことを、ただ祈るばかりである。

触ると祟られる首塚がある島

兵庫県
煙島

面積：0.01㎢
周囲：約0.4km
人口：0人

厳島《いつくしま》神社というと、広島県にある世界遺産の安芸《あき》の宮島を思い浮かべるが、広島のそれは日本全国にある厳島神社の総本社で、日本には約５００社の厳島神社が存在している。

そのうちのひとつに、兵庫県淡路島の福良《ふくら》漁港から１００メートルほど先に浮かぶ煙島の厳島神社がある。ここには、ある歴史上の人物の首塚があるとされている。

煙島は、周囲わずか４００メートルほどの小島で、粗い岩肌の土台の上を鬱蒼《うっそう》とした原生林が覆っていて、島はまさに〝ぽっかり〟と海に浮かんでいるように見える。海側から見る限り、まさかここに神社があるとは誰も想像できないだろう。

だが、島に降り立つとそこには島の玄関口のような鳥居があり、そこをくぐると１８７

海上から見た煙島（写真提供：兵庫県歴史博物館）

段の石の階段が伸びている。たどり着いた頂上は平らに開かれていて、やはり神社が存在しているのだ。

正面および玄関とも一間しかない、小さな一間社流造りの社殿はかなり古びていて、島の静けさと相まって神々しい雰囲気を漂わせている。そして、神社の南には、古い石龕が立っている。これが、**〝触ると祟られる〟**といわれる石龕《せきがん》だ。

なぜ、触ると祟られるのか。それは、この石龕は一説によると平敦盛《あつもり》の首塚ではないかといわれているからだ。

首塚というと、東京大手町にある平将門の首塚が有名で、心霊現象と思われるような逸話が語り継がれているが、やはり生きたまま首を討ち取られることへの怨念は計り知れないほど深いにちがいない。

敦盛は、平安時代末期に朝廷を支配した平清盛の甥で、現在の神戸の生田から須磨の浜に渡って繰り広げられた「一ノ谷の戦い」で源義経と戦ったが大敗し、敗走の途中に海辺で討ち死にした平氏の若武者だ。

敦盛の首をとったのは武蔵国の熊谷直実《くまがいなおざね》で、もともとは平家に仕えていたのだが、頼朝軍と渡り合った石橋山の戦いを機に頼朝の側につき御家人《ごけにん》のひとりとなった人物だ。

その一ノ谷の戦いで、熊谷直実は義経軍の奇襲部隊に参加し、沖の船へ逃げようとしていた若者を馬で追いかけ、波打ち際で一騎打ちを挑む。このときに取った首が、**平家の貴公子**と呼ばれた16歳の敦盛のものだったのだ。

武士は、自らの首が敵の大将に差し出されることを覚悟して、戦時の身だしなみのひとつとして薄化粧を施していたといわれ、敦盛も同様だった。

海に向かって走る若武者を呼び止めた直実は、その美しい顔を見て首を斬ることを躊躇《ちゅうちょ》したほどだったという。

一方、その頃、劣勢に陥った平氏一門は幼い安徳天皇を連れて四国へと渡ろうとしており、須磨から淡路島を抜けて煙島でしばしの休息を取っていた。

そこにもたらされたのが、敦盛の首だったのだ。一門の悲しみはいっそう深まったにち

須磨寺にある敦盛の首塚（写真提供：兵庫県歴史博物館）

がいない。この島で、敦盛の首を荼毘《だび》に付したとき、島からもうもうと煙が上がったことがこの島の名前の由来と伝えられている。

敦盛が波打ち際で首を取られるシーンは能や歌舞伎の題材にもなっている。直実が首を斬るのを躊躇したほどの美少年ぶりや命乞いをしない潔《いさぎよ》さはいまも語り継がれ、多くの歴史ファンを魅了している。

ただ、煙島にひっそりとたたずむ首塚はいまや心霊スポットのひとつにもなっており、訪れる人の数も多くない。

敦盛ファンは敦盛にまつわる見どころの多い神戸市須磨区にある須磨寺を訪れることが多く、煙島は波静かな福良湾で静かにたたずんでいる。

元寇最大の激戦地になった島

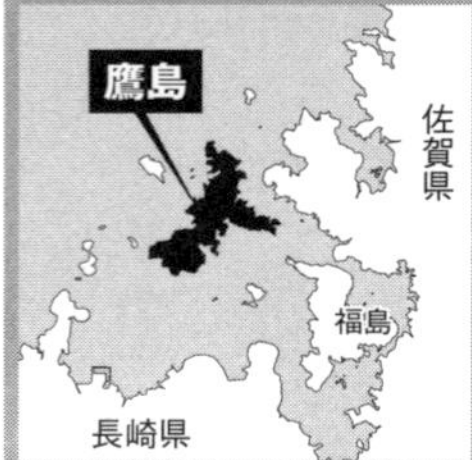

長崎県 鷹島	面積：16.08km² 周囲：43.0km 人口：約2800人

長崎県の北部に広がる伊万里湾の端、ちょうど玄界灘との境目あたりに鷹島はある。長崎県松浦市からは約8キロの位置に当たり、日比《ひび》水道を挟んだ2キロ先の対岸はもう隣の佐賀県だ。

離島とはいっても、長崎県側からならフェリーで40分前後、佐賀県側からなら10分もあれば着いてしまうという比較的近距離にある島である。

島の内陸部は緑とゆるやかな丘陵に覆われ、周囲は複雑に入り組んだリアス式海岸になっている。白砂の浜辺が人気の白海《しらかい》海岸は、夏には海水浴客で賑わうという。このように豊かな自然と美しい景観に満ちあふれた鷹島は、玄海国定公園の一部にもなっている。

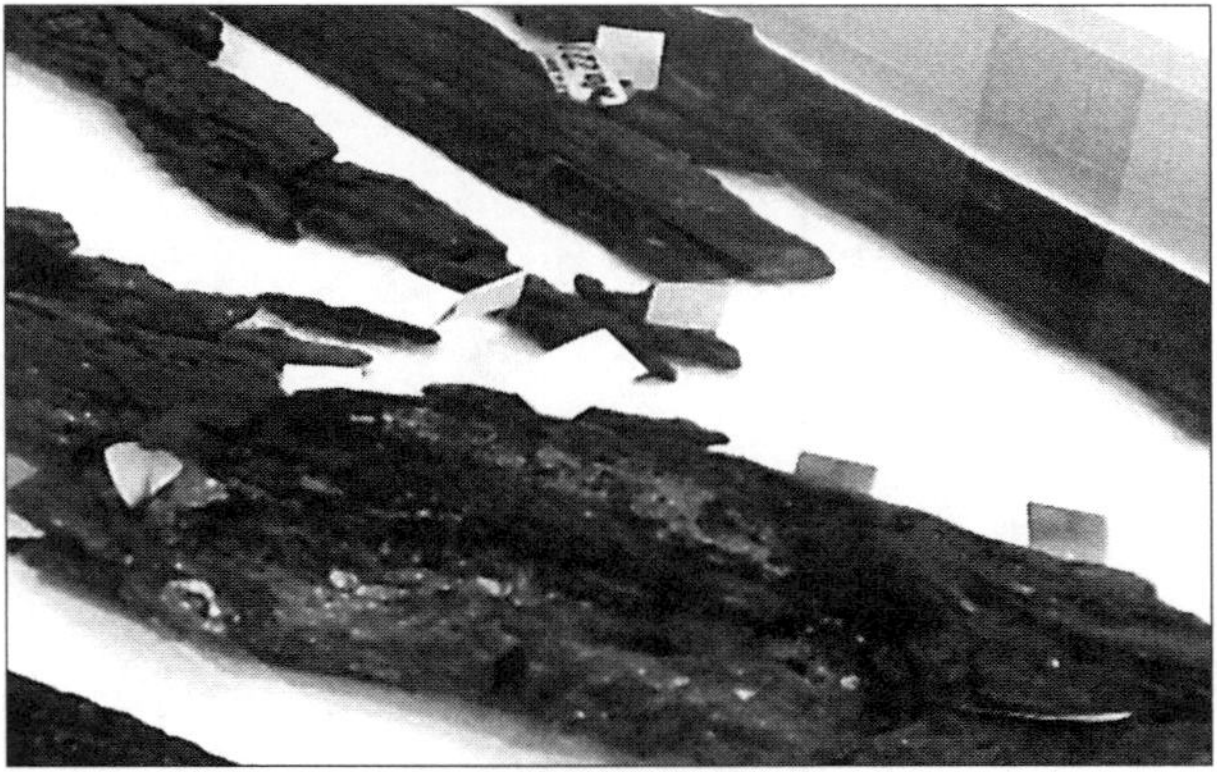

出土した元の軍船の船材（写真提供：毎日新聞社）

風光明媚という表現がぴったりくる鷹島だが、ここは鎌倉時代、血なまぐさい事件の舞台となった過去を持つ。日本史の教科書には必ず登場する「文永《ぶんえい》・弘安《こうあん》の役《えき》」――いわゆる**元寇**である。

元寇の際、鷹島は激戦地となった。そして、元軍を壊滅状態へと陥《おとしい》れた伝説の「神風」が吹いたのが、この鷹島の海だったのである。

元寇は、1274年の「文永の役」と1281年の「弘安の役」の2回にわたって行われた。鷹島が主な舞台となったのは、弘安の役のほうである。

二手に分かれて出発した元軍は平戸沖で合流し、鷹島へと向かった。一度目の遠征に失敗しているフビライは兵力を増強してこの戦いに臨んだ。その数、兵士14万人以上、船艦は4400艘という大軍勢である。一気に鷹島をたたきつぶし、そのままの勢いで博多を目指そうという目論みだ。

しかし、予期せぬできごとが元軍を襲う。**暴風雨**が吹き荒れ、元軍の船艦は大打撃を被《こうむ》ってしまったのだ。この暴風雨、一説によれば、屋久島付近から九州西岸へのコースをとった大型台風だったともいわれる。

もし日本軍が真っ向勝負を挑んでいれば、大軍相手に勝ち目はなかったかもしれない。だが、この嵐によって元の兵力は激減された。日本にとっては、まさに**神風**にほかならなかったのである。

鷹島では生き残った元軍の掃討作戦が開始された。見つけられた元軍の兵士は殺されたり、捕虜になったりしたという。

そうした激戦の模様を物語るかのように島の至るところには史跡が存在する。

また、血浦、首崎、血崎、地獄谷など、おどろおどろしい地名も残されている。さらには、いまだに島民も近づきたがらない場所さえあるという。

この戦いでは島民の犠牲もあった。たとえば、島の南部には開田《ひらきだ》の七人塚がある。当時このあたりは山深く、人目につきにくい一軒家があった。ところがニワトリが鳴いたために元軍に見つかってしまい、家族8人のうち7人が殺されてしまったのだ。それゆえ、い

文永の役を描いた「蒙古襲来絵詞」

までもこのあたりではニワトリを飼っていないのだという。宮《みや》地《じ》嶽《だけ》史跡公園には元寇の犠牲者を悼《いた》む慰霊碑も建てられている。

戦いのあと、海中に沈んだ元軍の船が引き上げられることはなかった。初めて海底の調査が行われたのは１９８０（昭和55）年のことである。

その結果、歴史的に貴重な遺産が多数発見されることになる。鷹島は水中考古学の宝庫でもあったのだ。島の周囲には遺物が散らばっているというが、とくに南側には多いという。

元寇から７３０年たった現在でも、神風によって滅ぼされた元軍の船の残骸が海底に眠っているのである。

東京湾に浮かぶ人工の無人島

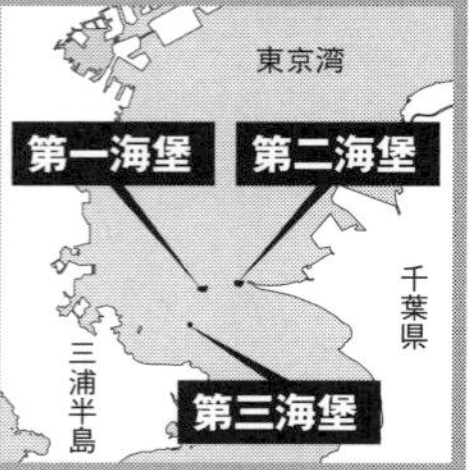

第一海堡	面積：$0.023km^2$
第二海堡	面積：$0.041km^2$
第三海堡	面積：$0.034km^2$

フジテレビ本社屋があるお台場、もんじゃ焼きの月島、そして豊洲や晴海などの人工島は東京湾の人気の観光スポットというだけでなく、ウォーターフロントの生活エリアとしても人気が高い。だが、東京湾をさらに沖に向かい、千葉県の富津《ふっつ》岬あたりまで進むと、殺風景な人工島が点在するのを目の当たりにする。これは、**「海堡《かいほう》」**といわれる明治から大正にかけて造られた要塞跡だ。

現在でもそうだが、東京湾は首都・東京につながる重要な海の玄関口だ。明治時代というと、世界ではイギリスやアメリカなど欧米列強国が勢力を拡大するためにアフリカやアジアの小国を次々と侵略しており、明治政府ももちろんその脅威を受け止めていた。

崩れ落ちた第二海堡（写真提供：「日本の車窓・雨男の紀行文」）

幕末に列強国から開国を迫られて明治維新が起こり、以来、近代国家をめざしていた明治政府としては、なんとしてもわが国を侵略から守るために手を打つ必要があったのだ。そこで乗り出したのが、東京湾の海堡建設だった。

東京湾は、浦賀水道に抜ける手前に狭まった海域がある。房総半島の富津岬と三浦半島の観音崎を結ぶラインだ。明治政府は、帝都を守るために、ここに**東京湾要塞計画**を打ち立てたのだ。

ちなみに、現在ホテルやイベント施設などが林立する「お台場」も要塞跡だ。江戸幕府がペリー来航に備えて建設したのだが、この東京湾要塞計画により使用されなくなったため「お台場」として再利用されているのだ。

では、明治政府が打ち出した東京湾要塞計画とはどのようなものだったのだろうか。それは、大砲の射程距離を考慮して2・5キロメートルおきに3つの海堡を建設するというものだった。

まず、着手したのは富津岬沖の第一海堡の建設だった。着工は1881（明治14）年、竣工は1890（明治23）年で、9年の工期を経て面積2万3100平方メートルの海堡が水深5メートルの地点に出現した。

第二海堡は、第一海堡が竣工《しゅんこう》する1年前の1889（明治22）年に着工され、その3年後の1892（明治25）年には第三海堡の建設も着手されている。

だが、第二、第三の海堡の建設は難航した。とくに水深39メートル地点に建設をはじめた第三海堡は高波との闘いで、その水深の深さと潮の流れの激しさに足を取られた。

積み上げた石の上にコンクリートで造られた堤防は、たび重なる高波で何度も破壊され、竣工までになんと29年もかかった。しかも、当時、埋立て造成費だけで約250万円、現在の金額に換算すると約140億円という巨額の費用が投じられたのだ。

完成した第三海堡は面積3万4000平方メートル、砲台と兵舎や地下室などの兵備が設けられていたが、わずか2年後に起きた**関東大震災**で島全体が脆《もろ》くも崩れ落ち、施設の

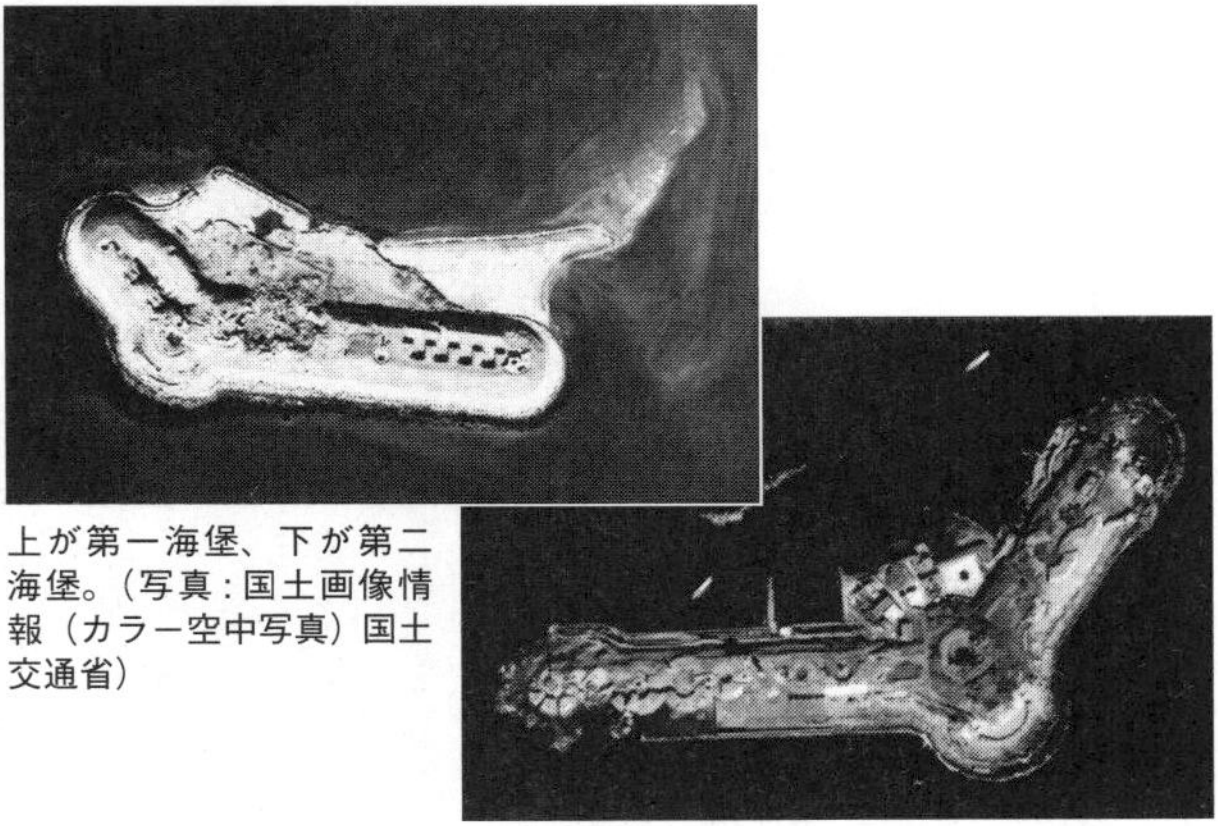

上が第一海堡、下が第二海堡。（写真：国土画像情報（カラー空中写真）国土交通省）

３分の１が水没してしまったのだ。第二海堡も震災の影響を受け、崩れ落ちたレンガの建造物がいまもその揺れのすさまじさを物語っている。

建設当時、責任者だった石本新六はこの第三海堡の建設に当たって、ドイツの要塞建設の大家だったレンネ大佐に視察を願い、意見を仰いだが、やはり困難な工事であることが指摘された。それでも、工事を推し進めた明治政府の脳裏には列強国への強い警戒があったことがうかがわれる。

現在は第一、第二海堡とも立ち入り禁止になっていて、その姿は遠くから眺めるよりほかなく、第三海堡は浦賀水道を航行する船のさまたげになるため、２００７（平成19）年に撤去された。

野生動物のせいで閉鎖された島

京都府 戸島	面積：約0.26km² 周囲：2.7km 人口：0人

京都府の日本海側にある舞鶴湾に浮かぶ戸島。周囲2・7キロ、面積は26万平方メートルという小島だが、舞鶴湾の中ではもっとも大きな島だ。

その名の由来は、湾の出入り口にあって、日本海の荒波や風を遮っているところからきたとされている。門戸の役割を果たす島、というわけだ。

戸島は森林に覆われた自然に満ちあふれる場所で、野生のタヌキも生息していたという。そのため、「ポンポコ島」というかわいらしい愛称もつけられて親しまれてきた。

かつては軍用地としても使われていたが、現在では無人島だ。

ただし、夏場の7〜8月だけは、この無人島が人々に開放される。ここは京都府が設置

戸島（写真提供：「舞鶴の守りたい自然」）

するキャンプ地でもあるのだ。青少年の育成を目的として、1969（昭和44）年にオープンした。島にはキャンプ場のほか、雨天のときに使える教室や野外ステージも設けられている。

しかし、この戸島が2008（平成20）年から立ち入り禁止になっている。

その原因を作ったのは、なんとイノシシやスズメバチなどの野生動物たちだ。これらがすさまじい勢いで繁殖しているため、**島の安全性や衛生が確保できなくなってしまった**のである。

京都府の調査によれば、島にはイノシシ、ヌートリア（大型のネズミ）、イタチなどが住みついている痕跡が見つかったという。

実際、イノシシやヌートリアが掘ったと推測される穴があちこちに見つかり、キャンプ場も荒らされていた。

こうした動物たちは、もともと島に生息していたものではなく、対岸から渡ってきたのだと考えられている。

なぜなら島は比較的近距離にあり、いちばん近い対岸とはわずか100メートルほどしか離れていないのだ。泳いで渡ることも十分に可能だろう。

ところが戸島は戦時中に国が買収し、海軍の火薬庫や大砲発射場があった。党内に残るそれらの施設の跡が動物のかっこうのすみかになったようだ。

さらに、スズメバチが繁殖している可能性も大きいと見られている。イノシシやスズメバチに襲われたら、人間などひとたまりもない。場合によっては、命の危険さえあるだろう。島に滞在する人の安全を考えれば、立ち入りを禁止するしかなかったのだ。

また、これらの野生動物は衛生面でも問題をもたらしている。井戸の周りに、たくさんの動物のフンが落ちていたのだ。井戸水の衛生の悪化が指摘され、飲用には適さないという判断が下された。

井戸は島のたったひとつの水源である。水が使えなければ、キャンプ地として利用できるはずもなかった。散策道も一部が崩壊していることもあり、安全面でも問題があった。

動物がこれほど繁殖したのは、この島に**外敵が少なかった**からだと考えられる。唯一の外敵と呼べるのは人間だが、人間がここに立ち入るのは夏の2ヶ月だけである。しかも、ピーク時には1万6000人がやってきたというキャンプ地も年々利用者が減っており、2007（平成19）年には約2500人しか利用しなかった。こうした好条件が重なって、動物は繁殖を続けたのであろう。

島の改修も検討されたものの、それには莫大な費用が必要だ。期間外でも釣りをするなど日帰りで来る人たちもいて人気はあった。しかし、利用者が減った現状ではかかった費用の回収も見込めない。

そこで京都府はまず、日帰り客の利用を休止し、野生動物に詳しい専門家に調査を依頼した。その結果、青少年の島としては廃止され、いまは立入禁止となっている。

人間の開発で動物がすみかを奪われたという話はよく聞くが、戸島では野生動物に人間が駆逐されるという、まったく逆の結果が生まれてしまったのである。

海賊の根城になっていた島

愛媛県 怪島	面積：0.02km^2 周囲：不明 人口：0人

愛媛県北東部、瀬戸内海でもとくに斎灘《いつきなだ》と呼ばれる海にひとつの無人島がある。

美しい瀬戸内の海にあって瀬戸内海国立公園にも含まれているその島は**「怪しき者＝海賊」**が住んでいたことから恐ろしい名前がつけられたという怪島《けしま》である。その名からは、当時の人々が抱いていた島への恐怖が伝わってくるようである。

さて「海賊」と聞くと、ドクロが不気味に描かれた海賊旗（ジョリー・ロジャー）をひるがえし、隠された財宝と冒険を求めて海から海を渡り歩く……。そんな勇ましいイメージを思い浮かべてしまうのは、映画やマンガの世界で海賊たちがヒーローとして描かれることが少なくないからだろう。

怪島（写真提供：OUTDOOR'S KOMPAS 楠大和）

ところが、実在する海賊とはまさに海を荒らしまわる〝強盗団〟以外のなにものでもない。世界的な不況が長引く中で、ソマリア沖をはじめ世界のあちこちの海ではいまだに海賊による被害が後を絶たず、日本の船も含めて毎年３００件近い被害が報告されているのだ。

悪質なものでは、身代金目当てに襲われた船から乗組員が人質に取られることもある。そのまま人質が帰ってこないという事件も少なくない。

そんな海賊の存在は、じつは遠い海の向こうの話ばかりではない。この日本の海にも海賊の歴史は数多く残されていて、なかでも海賊たちが根城にしてしまったために地元の人々は近寄ることができなかった島が怪島だったのである。

　怪島は愛媛県今治《いまばり》市に属していて、今治の海岸から1・5キロメートルほどと肉眼でも見ることができる距離にある。面積は約2万平方メートルというからけっして大きな島ではない。

　そんな怪島は、古くから瀬戸内海や斎灘を行く船の目印となってきた。とはいえ島の周囲はほとんどがむき出しの岩に囲まれていて、簡単に船を接岸することはできない。そのために、人が住むことはなかったという。その険しい地形を逆手にとって、いつからか島には海賊たちが住みついてしまうことになる。そして斎灘を行く船を襲うようになったのである。

　さらに、速い潮の流れと岩に守られる島という難攻不落の地形に海賊たちが目をつけたように、戦国時代になるとこの島には**「怪島城」**が建てられている。

　怪島城は当時の伊予を支配していた豪族・河野氏の武将である神野左馬允《さまのじょう》が築いた城で、小さな島だけに島全体はあたかも〝海の要塞〟と化してしまったのだ。

　瀬戸内海の制海権を握っていた海賊といえば〝最強の水軍〟との呼び声も高い「村上水軍」が有名だが、その村上水軍の分家のひとつ**「来島水軍」**が河野氏に仕えていたことから、怪島は来島水軍にはなくてはならない島となった。

村上水軍下で活躍した小早船（復元）

　ちなみに、伊予地方で長年勢力を振るった河野氏は、1585（天正13）年に豊臣秀吉が行った四国征伐において秀吉傘下の小早川隆景《たかかげ》の軍勢に敗れている。

　その戦いにおいては怪島も戦場になったといわれている。島内には、現在も古井戸や桟橋の跡など怪島城の遺構を見ることができる。

　そんな血なまぐさい歴史を持つ怪島だが、いまでは釣りファンにはおなじみの名前となっている。島の付近には岩礁が多く潮の流れも速いことから、スズキや鯛《たい》、そして地元の人の間ではとくにカレイの絶好の漁場として人気を博しているのだ。

　かつては人々を震え上がらせた海賊の海には、今日も多くの釣り人が集まっている。

5000万年続く絶海の孤島

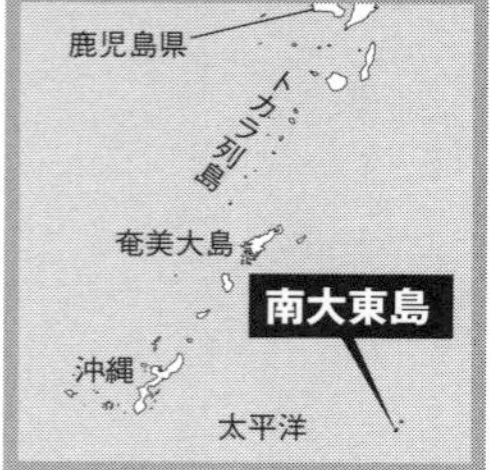

沖縄県 南大東島	面積：30.57km^2 周囲：21.2km 人口：約1200人

「台風は現在、南大東島の南約50キロメートルの海上にあり……」と、台風情報の第一報としてよく登場する島が南大東島だ。沖縄本島の東、那覇から飛行機で1時間ほどの太平洋上に浮かんでいる離島である。

この南大東島は、珍しい特徴を持った島として世界的にもその名を知られている。約5000万年前の島の誕生以来、日本列島はもちろん**どの大陸とも一度もつながったことがない「洋島《ようとう》」**なのだ。

地球上の島は地殻変動などで陸地から切り離された「陸島《りくとう》」がほとんどだが、この南大東島のような洋島がわずか数島ほど確認されている。ガラパゴス諸島やハワイ諸島など

上空から見た南大東島（写真提供：「航空測量撮影士の部屋」）

もこの洋島に分類される。とくに南大東島は、海底火山の頂《いただき》に繁殖したサンゴ礁が火山の隆起によって海面に浮上してできたという奇跡のような島なのだ。

一度も陸地とつながったことがないのだから、動植物には島独特の固有種が少なくない。翼を広げると80センチメートルにもなるダイトウオオコウモリはその代表的なものだ。

その名を〝はるか東の海の彼方にある島〟という沖縄の島言葉「ウファアガリジマ」に由来するという南大東島。いまでこそ1200人ほどの人が暮らしているが、長い間手つかずの大自然が広がり、明治になってやっと開拓が始まったまさに〝絶海の孤島〟である。

第2章
有名な島の知られざる事実

もとの大きさの5倍になった巌流島

山口県 船島	面積：0.1km² 周囲：1.6km 人口：0人

1612（慶長17）年4月13日。巳《み》の刻、現代の午前10時頃のことだ。ひとりの男を乗せた小船が巌流島にやってくる。島ではもうひとりの男が待ち構えている――。

時代劇ファンならずとも知らない人はいない宮本武蔵と佐々木小次郎の**「巌流島の決闘」**の一幕である。

ところで、小説やドラマでよく描かれる巌流島といえばどのような景色を思い出すだろうか。さしずめ「野ざらしになっている無人島」といったところだろう。果し合いにはぴったりの、とにかく人の気配のしない場所というイメージがつきまとう。

ところが、この2人の剣豪が命を賭けて果し合いを行ったその巌流島は400年近い時

巌流島と関門海峡（写真提供 :PANA）

を経た現在、すっかり様変わりしてしまったのだ。
　巌流島は本州と九州の間にある関門海峡に浮かぶ、周囲１・６キロの本当に小さな島だ。現在は山口県下関市に属していて、下関にある唐戸桟橋から定期観光船で10分も行けば上陸することができる。
　この巌流島という名前だが、じつは正式なものではない。そもそもこの島は、海を挟んで九州の小倉側では「向島」、下関側では船のような形をしていたことから「舟島」と呼ばれていたのだ。
　それを、武蔵と死闘を繰り広げて無念にも敗れてしまった佐々木小次郎の流儀「巌流」をとって巌流島と呼ばれるようになったのである。

現在でも住所としては「下関市大字彦島字船島」となっている。

さて、その決闘から400年ほどの歳月が流れた巌流島ははたしてどうなっているのだろうか。過去に人が住んでいたという記録は残っているものの現在は無人島で、その大部分は下関にある造船所の社有地となっている。

島には武蔵と小次郎にちなんださまざまな記念碑、さらには遊歩道やバーベキューができる施設までもオープンしていて、多くの観光客が気軽に訪れることができる一大観光スポットとなっている。

さらに驚くべきはその大きさだ。いまでも1時間も歩けば島を一回りできるほど小さな島だが、決闘が行われた頃はさらに小さな島で、明治以降の開発によってその大きさはしだいに広がってきたのだ。**当時と比べてその大きさは約5倍**といわれており、これは島を整備するために行われた**埋め立て**の結果である。

その埋め立て工事は1917（大正6）年に開始されている。その後、第一次・第二次世界大戦による中断を挟み、1980（昭和55）年に巌流島はようやく現在の大きさとなっている。

その60年以上という年月の間には、島が軍の管理地となって砲座が築かれた時期もあっ

関門海峡を背に立つ武蔵と小次郎のブロンズ像

たのだ。

ちなみに、島にはさまざまな人が訪れた歴史が残っている。

大河ドラマで武蔵と小次郎を演じた俳優はもちろん、古くは吉田松陰、坂本龍馬、斉藤茂吉といった人物までもが視察に訪れているのだ。

さらに１９８７（昭和62）年には、なんとアントニオ猪木がこの島でプロレスの試合を行っている。

重厚なタンカーが行き交う関門海峡の壮大な景色をバックに、武蔵と小次郎はブロンズ像となって今日もにらみ合いを続けている。島の様子はすっかり変わってしまったとはいえ、その迫力ある姿を見るだけでも訪れる価値のある島である。

かつて世界一の金産出量を誇った「黄金の島」

新潟県 佐渡島	面積：855.33km² 周囲：280.6km 人口：約6.3万人

新潟の沖合約34キロメートルの日本海に浮かぶ佐渡島は、面積約８５５平方キロメートルの日本で最も大きな島だ。

いまではトキの保護センターがあることなどで全国的に知られているが、じつは佐渡は江戸時代に金鉱山が発見され、**ゴールドラッシュ**に沸いた島だった。

佐渡で金が出るという噂は平安時代からささやかれていたのだが、実際に金脈があることが発見されたのは江戸時代を迎えようとする１６０１（慶長６）年のことだった。徳川家康はさっそく切れ者の大久保長安を佐渡奉公として島に送り込んで本格的な開発に取り組むことにした。

「東洋一」とうたわれた北沢浮遊選鉱場

それから20年間で佐渡金山は大いに栄え、年間248千両もの金が採れるようになった。慶長の頃の金1両を現在の価値に換算するといろいろな説があるが、10万円ほどになるという。

もちろん、当時としては**世界最大級の金鉱山**である。江戸幕府の財政は、佐渡の金によって大いに潤うことになった。

そんな金の採掘に沸く佐渡には全国各地から鉱山技術者や労働者が押し寄せてきた。それまでは細々と農業を営んでいた島に次々に人々が上陸し、あっという間に人口5万人の「相川」という鉱山町ができるまでに発展したのだ。

だが、鉱山をどんどん掘り進めると、ある地点から必ず水に悩まされることになる。

坑道が海抜より低いところにまで達すると、やがて大量の地下水が湧き出してきて作業が困難になるのだ。

佐渡金山も開発から数十年もすると、坑道が大量の地下水であふれるようになった。最初は手回しポンプを使って湧き水を放出していたのだが、それも間に合わなくなり、1700年代になると水替人足が集められるようになる。

水替人足とは、坑道に溜まった地下水をひたすら汲み上げるという重労働に従事する作業員なのだが、その作業は過酷なものだったという。そして、その過酷な労働に従事させられたのは江戸から送られた**無宿人**だったのだ。

もともと佐渡島は、奈良時代から約1000年にわたって**〝流刑の島〟**として定められていた。つまり、重罪人が島流しにされた島だったのだが、そのほとんどが暴力犯ではなく貴族や僧侶といった政治犯だった。

しかし、佐渡の金脈が幕府の資金源になると、突如としてこの島は流刑地としての指定が外される。大切な幕府の金庫である場所に罪人を送ることはできないという判断だったのだろう。

それでも、地下水対策のためには人手が必要になる。そこで、江戸で厄介者扱いされていた無宿人が集められ、1778（安永7）年にはじめて佐渡に送り込まれたのだ。

水替人足として連れてこられた人々は、鉱山の谷間に建てられた小屋に収容され、〝改心矯正〟のために無銭で、そして無期限で働かされたというのだ。

今でも相川地区に行くと、金の採掘に沸いた当時の跡が残っている。金鉱山がまるで巨大な斧を入れたかのようにパックリと割けている「割戸」を見ることもできる。

江戸時代中期は約２００年間にわたって戦争のない太平の世であったといわれているが、その平和を支えていたのが佐渡金山であることは間違いない。

そして、そんな平和の裏には、幕府を陥れるような罪を犯したわけではないのに佐渡に強制連行された水替人足の存在があったことはあまり知られていないのである。

坑道跡の一部では、江戸時代の採掘の様子が再現されている。（写真:asobi tsuchiya）

マグマでできている屋久島

鹿児島県 屋久島	面積：504.86km² 周囲：126.7km 人口：約1.4万人

1993（平成5）年に日本としては初めてユネスコの世界自然遺産に登録されたのが屋久島だ。またの名を**「神の島」**とも呼ばれ、島に広がる大自然が持つ癒しの力を求めて世界中から人々が集まるスピリチュアルスポットとしても有名な島だ。

環境破壊が世界共通の問題となっている現代の地球にあって、ヤクシカやヤクサルなどいまも多くの野生動物が駆け回り、「縄文杉」と呼ばれる推定樹齢7200年の巨大な杉の木が立ち枯れずに生き続けている。いったい、屋久島のどこに人知を超えたスピリチュアルな力があるのだろうか。

そんな屋久島には、九州一高い宮《みや》之《の》浦岳《うらだけ》（標高1936メートル）をはじめとする

屋久島の森に住むヤクシカ

1800メートル級の山々がそびえている。その様子はガイドブックにも「洋上のアルプス」と書かれているほどである。

山頂付近の年間平均気温は約5度と凍えるほどで、屋久島は積雪が観測される日本最南端の場所とされている。

さらに驚くべきことに、そんな山の頂《いただき》には謎の巨石がそびえ立っている。宇宙から落下した隕石が突き刺さったようにも見えるが、この想像を絶する巨石にははたしてどんな意味があるのだろうか。

屋久島は九州本土の最南端である佐多岬の60キロメートルほど南の海上にある。宇宙ロケットの発射基地がある島としても人気がある種子島も近く、それらの島とともにに大隅《おおすみ》諸島を構成している。

地域としては鹿児島県に属していて、島を訪れるときにも鹿児島から飛行機や船を利用することになる。飛行機なら30分、高速船なら2時間30分ほどでその神秘的な島が見えてくるのだ。

島の90パーセントを占める森林は杉をはじめさまざまな樹木でおおわれていて、海中から緑の山が突然生えているようにさえ見える。その姿には訪れる誰もが大自然の生命力と迫力を感じずにはいられないだろう。

さて問題の巨石だが、島の南東部にそびえる太忠岳《たちゅうだけ》（標高1497メートル）の山頂に直立している。高さは40メートルほどあり、麓からもその恐ろしいまでのフォルムを見ることができるのだ。槍の切っ先のようにも見えるその巨石は「天柱石《てんちゅうせき》」と呼ばれ、島では信仰の対象となっている。たしかに視界に入ると手を合わさずにはいられない荘厳な雰囲気を醸し出している巨石だ。

ところで、そんな屋久島の土台がじつは土ではないのをご存じだろうか。海底深くに眠るマグマが長い時間をかけて冷え固まってできた**花崗岩《かこうがん》**がせりあがってできているのが屋久島なのだ。この花崗岩は「御影石《みかげいし》」という呼び名のほうが一般的だろう。

もちろん山々もこの花崗岩からできていて、これこそが問題の巨石の謎を解くヒントと

太忠岳に立つ「天柱石」

なる。つまり、空から降ってきた巨石が突き刺さっているのではなく、そもそも山の一部であった岩が長い年月をかけてせりあがり、風雨によって削られたものなのだ。

そう聞かされてもなお、およそ自然の産物とは思えないなんとも芸術的な形を成している巨石である。

このようなさまざまな自然条件が奇跡のように重なって、豊かで謎多き屋久島は形づくられてきたのだ。

近年、世界遺産登録の効果で屋久島を訪れる観光客は以前の数倍に跳ね上がった。そのため縄文杉をめざす登山者がかなり増加し、山岳部ではさまざまな問題が起きた。そこで、主要ルートへの一般車の乗り入れを規制するなどしている。

島流しにされた賢人たちが築いた島

東京都 八丈島	面積：69.48km² 周囲：51.3km 人口：約9500人

東京都下で、豊かな自然に囲まれた場所を取りあげるとすれば、まず八丈島を忘れてはならないだろう。黒潮の影響で島は1年中温暖で、椰子やシダなどの亜熱帯植物が生い茂る。そんな、南国情緒に心惹かれて訪れる人も多いが、八丈島の魅力はそれだけではない。江戸幕府の流刑地という歴史を持つ八丈島には、歴史に育《はぐく》まれた独特の生活様式や風習を見ることができるのだ。

現在は廃止されているが、かつて日本では罪を犯した者に対する刑罰**「流罪《るざい》」**があった。流罪はいわゆる〝島流しの刑〟で、最高刑の**死罪に次ぐ重い刑**だったのだ。

いまでこそ羽田空港から飛行機で45分、フェリーを使っても10時間で八丈島に到着する

島に残る宇喜多秀家の墓（写真提供 :PANA）

が、こうした乗り物がなかった時代は東京から約２８７キロメートルも離れた島はまさに〝絶海の孤島〟だった。黒潮の流れが速かったことから、島からの脱走が困難だったことも流刑地に選ばれた理由のひとつとされている。

この島に送られてきた流人第1号となったのは「関ヶ原の戦い」で西軍の主力を務めながらひるがえって軍を見放し、薩摩藩に逃走した宇《う》喜《き》多《た》秀家だ。逃走から3年後に出頭した秀家は死罪を命ぜられたが、多くの大名から助命嘆願の申し出があり、死罪を逃れて八丈島に流されている。

この秀家を筆頭に、その後、１９０８（明治41）年に流罪が廃止されるまで八丈島には１９００人近くの流人が送られてきたという。

流刑地というと、どこか暗いイメージもなくはないが、流罪を言いわたされる罪人は政治犯が多く、**もとは身分の高い人物**がほとんどだった。そのため、流人たちの知識や教養は島での暮らしにも活かされた。

その代表的なものが、八丈島の文化財のひとつである「樫立踊り《かしだて》」だ。この踊りは、全国から流れてきた流人たちがふるさとを思って作ったもので、その歌と踊りは室町時代の風流歌の流れを汲んでいるといわれている。

また、島の盆踊りや祭りで披露される「八丈太鼓」も、刀を取り上げられた武士が刀に代わってバチを打ち鳴らしたのが、その始まりといわれているのだ。

流人が残した文化は歌や太鼓といった芸能だけではない。秀家と並んで有名な流人に近藤富蔵《とみぞう》という人物がいるのだが、富蔵は流人生活を送りながら『八丈実記』を執筆し、これが現在八丈島を知る重要な民俗資料となっている。

富蔵は、後に鹿島神宮大宮司《だいぐうじ》に就いた鹿島則文《のりぶみ》が作った文学サロン「八丈詩会」にも参加し、幕府御用船の預かり役だった服部敬次郎らとともに八丈八景を選定するなど、流人らしからぬ風雅な暮らしをしていたようだ。また、関東の大名・北条早雲の代官として八丈島を治めた長戸路《ながとろ》家の母屋は、石山留五郎という流人が棟梁を務めて建てたもので、釘

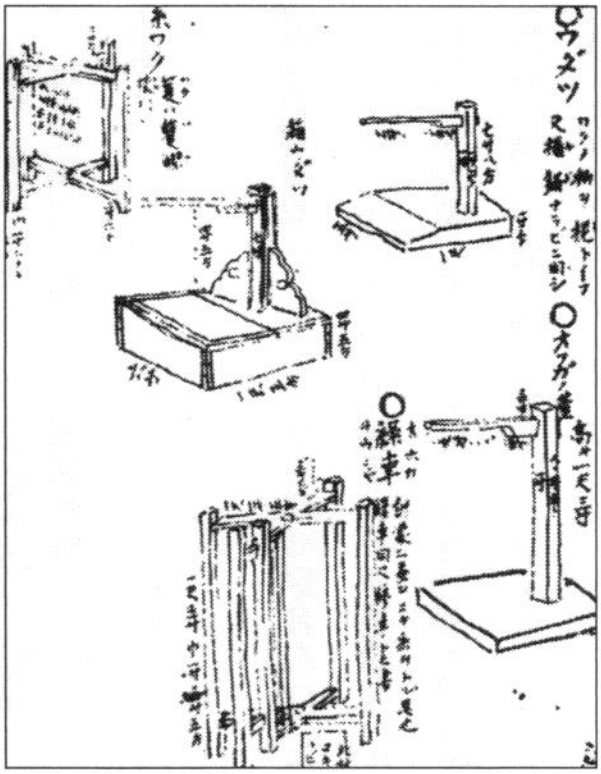

宇喜多秀家（左）・近藤富蔵著『八丈実記』中の絹織物についての記述（右）

一本使わない高い技術を見ることができる。

ちなみに、島の土産物として人気の八丈焼酎は、薩摩から流れてきた丹宗《たんそう》庄右衛門《しょうえもん》の教えなくしては誕生しなかった。庄右衛門は、中国・清への砂糖の密貿易の罪で流刑された回漕問屋で、八丈島でサツマイモが栽培されていることを知ると、故郷から蒸留器を取り寄せて島民に焼酎作りを伝授したのだ。

流人の中には、流刑から数十年後に赦免されて故郷に戻った者もいたが、八丈島で生涯を閉じた者も少なくなかった。

長い流人生活を送りながらも、世を捨てることなく生きることができたのは、**流人を温かく迎え入れた島の人々**のおかげだったことはまちがいない。

本当にあった「ひょっこりひょうたん島」

愛媛県	面積：0.017km²
瓢箪島	周囲：不明
	人口：0人

かつてＮＨＫで放送された人形劇『ひょっこりひょうたん島』。そのタイトルは誰でも一度は耳にしたことがあるだろう。

軽快なテーマソングにのって海の上を漂う「ひょうたん島」と、そこに暮らすさまざまなキャラクターが繰り広げる冒険が人気を呼んだ作品だが、瀬戸内海に浮かぶある島がこのひょうたん島のモデルになったといわれているのをご存じだろうか。

「瀬戸内しまなみ海道」は、１９９９（平成11）年5月に開通した愛媛県今治《いまばり》市と広島県尾道《おのみち》市を結ぶ全長約60キロメートルの高速道路だ。

この道路は瀬戸内海に浮かぶ島々を合わせて10もの橋で結んでいて、〝日本のエーゲ海〟

左奥がひょうたん島。手前はそっくりに作った模型。(写真提供：時事通信)

といわれる瀬戸内の絶景を楽しむことができる最高のドライブコースとなっている。

さらにこのしまなみ海道に併設されている「瀬戸内海横断自転車道」では自転車でも海峡を横断できるとあって、レンタルサイクルを利用しての島めぐりは観光客の人気を集めている。

そんなしまなみ海道のほぼ真ん中に浮かぶ周囲700メートルほどの小さな無人島が、その名もまさに**「ひょうたん島」**だ。今治市の大三島《おおみしま》と尾道市の生口《いくち》島の間に位置している。

本当にひょうたんのようなユニークな形をしたこの島が『ひょっこりひょうたん島』のモデルとなったといわれている島なのである。

ひょうたん島の、大小の半円をふたつあわせたまるでくじらのような姿をよく見ることができるのは最寄りの生口島だ。国産レモン生産の発祥地でもあり、みかんの栽培も盛んで柑橘類の香り漂うこの生口島は、夏は多くの観光客で賑わう。

とくに西のサンセットビーチからは、瀬戸内海でもっとも夕日が美しく見えるといわれている。そのビーチから沖合約2キロメートルと、手を伸ばせば届きそうな位置にひょうたん島は浮かんでいるのである。

ちなみに、生口島と大三島間を遊覧している「バイキングエース号」に乗れば、ひょうたん島を海の上が眺めることができる。

また、その名前や形だけではなく、ひょうたん島は地理的にも珍しい特徴を持った島なのだ。**島の中央を県境が横切っていて、北側が広島県、南側が愛媛県となっている**のである。全国にもこのように県境が島内にあるという島は数えるほどしかない。

さらにこの県境の話にちなんだ島の形にまつわる昔話も残されている。

その昔、安芸の国、いまの広島県の生口島と伊予の国、いまの愛媛県の大三《おおみ》島がこの島の権利を争ったことがあった。そこでそれぞれの土地の神様のはからいで、島民たちは島に綱をかけて綱引きをすることになったのである。

そしてついに綱引きが始まった。するとどちらの島民たちも負けじと綱を力いっぱい引いたために、綱のかかっていた部分がくびれて島はひょうたんのような形になってしまったのだという。

綱引きの勝負もこれで引き分けとなって、島の権利も広島と愛媛の半々に分かれたと伝えられている。

このように、ひょうたん島はじつに不思議の多い島なのである。

さて、子供ばかりか大人からも人気を博し国民的番組となった『ひょっこりひょうたん島』だったが、最後は作品にこめられた社会風刺に対する風あたりが強くなり、「子供たちに見せるにはふさわしくない」と放送はついに打ち切られてしまった。

東京オリンピックが開催された1964（昭和39）年に放送が始まり、終了後40年以上たったいまでも多くのファンから愛されている『ひょっこりひょうたん島』と、いまも瀬戸内の海に浮かぶ〝リアルひょうたん島〟。近くを訪れたときにはファンならずともその姿を一度は見てみたいものである。

日本人が近づけない日本の島

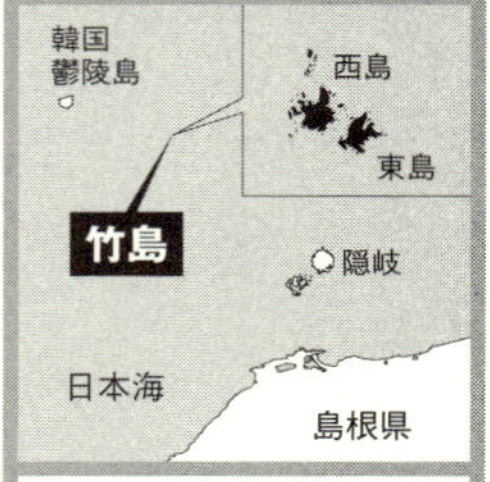

島根県 竹島	面積：計 0.21km² 周囲：不明 人口：不明

２月22日は、ある島に関する記念日であるのをご存じだろうか。日本と韓国がともに領土として主張している島、「竹島の日」である。島根県が２００５（平成17）年にこの日を制定したときに起きた韓国での激しい抗議運動を覚えている人もいるだろう。

しかし、この**竹島問題**はいまだに解決を見てはおらず、日本の船舶は島に近づくことすらできないのだ。

竹島の位置を地図で見つけるには、まずは島根県の北方にある隠岐《おき》諸島を探すことからはじめたい。竹島はそこからさらに北西へ１５０キロメートルほどの日本海上に位置している。

竹島。左が西島、右が東島。（写真提供：聯合＝共同）

竹島は東島、西島と呼ばれる2つの小島と、それを取り囲む数十を超える岩礁で構成されている。写真で見る2つの島は、島というよりは2つの山の頂上が海中から顔を出しているように見えるほど、島の周囲は断崖絶壁となっている。

西島は海抜168メートル、東島は海抜98メートルで、西島は男島、東島は女島と呼ばれることもある。2つの島を合わせても総面積は21万平方メートルと、東京の日比谷公園とほぼ同じ広さである。

また、この竹島の周辺一帯は南からの対馬暖流と北からのリマン寒流の接点になっているためにプランクトンが豊富で、隠岐諸島と同様に魚介藻類の宝庫であることも知られている。そこに集まる魚を求めて、いまでは絶滅してしまっているニホンアシカの一大生息地でもあった。

この島の領有権をめぐり、日本と韓国は１９５４（昭和29）年以来、執拗な争いを続けている。

竹島は日本においては島根県隠岐郡隠岐の島町に属していて、れっきとした郵便番号も存在する。一方で、韓国の鬱陵島《うつりょうとう》から約90キロメートルという距離にもあることから、韓国も自国の領土であると主張し、「独島《ドクト》」と呼んでいる。なぜ、２国間で領有権を主張し合うような状態がいまも続いているのだろうか。

１９０５（明治38）年、日本政府は他国による支配がないことを確認したうえで島を島根県に編入している。この日が２月22日といわれていることが、前述の「竹島の日」の由来となっているのだ。

ところが１９５２（昭和27）年1月、当時の李承晩韓国大統領が「海洋主権宣言」を行う。そして**「李承晩ライン」**と呼ばれる韓国の領域を設定して、竹島を韓国領としてしまうのだ。

その宣言を受けて、韓国は竹島エリアでの漁業を活発に行うようになる。さらに竹島周辺では日本の海上保安庁の巡視船が韓国側から銃撃を受け、日本漁船の拿捕や漁業関係者の被害も相次いだ。

韓国は１９５４（昭和29）年になると沿岸警備隊が駐留部隊を竹島に派遣した旨の発表

竹島の東島には、韓国側が建てた施設がある。（写真提供 :EPA ＝時事）

を行っている。これ以降、韓国は現在も竹島に警備隊員を常駐させ、監視所や灯台を設置しているのだ。

日本政府は韓国側に「国際法に違反する不法占拠である」と抗議を続けているが、竹島周辺はいまだに近づくことはできない〝禁じられた海域〟となっている。

このように日本と周辺の国々には、北海道の東方沖にある４つの島をめぐる北方領土問題や、沖縄県の八重山群島の北方にある尖閣諸島問題など、解決に至っていない領土問題がいくつか存在している。

国際友好のためにも、１日も早い解決が望まれているのである。

所属する県が変わった淡路島

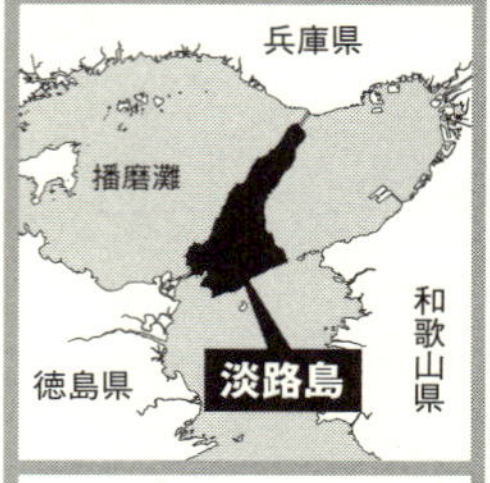

兵庫県 淡路島	面積：592.0㎢ 周囲：不明 人口：約15.8万人

瀬戸内海で最大の面積を誇る島といえば淡路島だ。その淡路島が兵庫県に属していることは、いまさら地図で確認するまでもないことだろう。

ところが、この淡路島は**明治になるまでは海を挟んだ四国・徳島県の一部だった**のだ。

無人島でもないうえ、立派な城まであった大きな島がその属する地方を変えたのにはいったいどんなワケがあったのだろうか。

現在、淡路島へ向かうには兵庫の明石港から船を利用するか、兵庫と徳島から島の両端にそれぞれかかる橋を渡るルートがある。

とくに全長３９１１メートルと世界最長の吊り橋である明石海峡大橋は、時間や季節に

明石海峡大橋と淡路島

合わせて色とりどりに変化するライトアップが人気となっている。阪神・淡路大震災の1月17日だけは鎮魂の願いを込め白一色にライトアップされる姿を記憶している人も多いはずだ。

この明石海峡大橋を渡ると、南北に約40キロメートル、東西に約20キロメートルに延びる淡路島に到着する。

淡路島といえば、古くから海の幸、山の幸ともに名だたる名産品がそろっており、テレビの旅番組にもたびたび登場する。たとえば、鳴門のうず潮が育《はぐく》んだ鯛《たい》やわかめ、島内で育てられている淡路ビーフや玉ねぎなど、じつにバラエティに富んでいるのだ。

ところで400年ほど前、徳川の世でこ

の淡路島を治めていた蜂須賀至鎮《はちすかよししげ》という人物がいた。

徳島藩主の蜂須賀氏は、大坂冬の陣・夏の陣での活躍によって家康からこの淡路島を与えられており、そのときから淡路島は当時の徳島藩に属することになったのである。

ところがその後、ある事件をきっかけに淡路島の所有権は大きく揺れることになる。

1870（明治3）年、蜂須賀氏の居城である洲本《すもと》城には家老の稲田氏とその家臣が詰めていたが、彼らがなんと徳島藩からの独立を企てているというクーデターの計画が明るみになったのである。

以前から蜂須賀氏と稲田氏の家臣同士の〝いさかい〟があったところに、明治になって稲田氏が新政府のもとで家禄、いまでいう給料を削減されたことなどから、鬱積《うっせき》していた不満がついに爆発したのだ。

この稲田氏の不穏な動きをいち早く察知した蜂須賀氏の家臣が先手をうって洲本城下に暮らす稲田氏を襲撃、稲田氏の多くの家臣が命を落とすことになる。これが後に「庚午《こうご》事変」と呼ばれることになる淡路島で起こった**内乱劇**である。

この一件が原因となり、徳島藩は取り潰しこそ免れたものの淡路島は取り上げられて兵庫に編入されたのである。**この内乱さえなければ淡路島はいまでも徳島県に属していたかもしれない**のだ。

1526年、安宅治興という人物が築城して以来、何人もの城主をもつことになった洲本城。 現在は復元された天守が建っている。

ちなみに、襲撃を行った蜂須賀氏の家臣たちは切腹を命じられ、また稲田氏の生き残りも「喧嘩両成敗」で〝北方の未開の地〟であった北海道への移住を命じられている。北の大地を開拓すべく旅立った稲田氏一族の苦労は、吉永小百合主演の映画『北の零年』でも描かれている。

さて、内乱の舞台ともなった洲本城は、当時の遺構としてはわずかに石垣などが残るばかりだ。

天守も見ることができるが、これは1928（昭和3）年に再建された鉄筋コンクリート製である。とはいえ模擬天守としては日本最古という歴史あるもので、島へのアクセスの良さもあって、今日も多くの観光客が足を運んでいる。

トカラ列島に実在する「宝島」

鹿児島県	面積：7.14km²
宝島	周囲：12.1km
	人口：約100人

世界には「あの○○○が隠した財宝が眠っているかもしれない」という手の話は星の数ほど伝えられているが、日本のある島にもそんな伝説が残されている。

九州の南端・鹿児島県の南の海に広がる南西諸島。なかでも屋久島と奄美大島の間に並ぶ有人7島、無人5島からなる南北約160キロメートルに点在する島々は「トカラ列島」と呼ばれている。

このトカラ列島の有人島として最南端に位置するのが宝島だ。隆起したサンゴ礁でできたかわいらしいハート形をした、エメラルドグリーンの海と白い砂浜に囲まれた美しい島である。

宝島の洞窟（写真提供：須賀川晃弘）

　鹿児島から週に2便出ているフェリーで行く以外は自分で船をチャーターするしか行く方法がないというまさに離島だが、この島こそ**キャプテン・キッドの秘宝伝説**が残されている島なのだ。

　キャプテン・キッドは本名をウィリアム・キッドといい、17世紀に実在したスコットランド生まれの人物である。もともとは国王から海賊を退治する役目を与えられて船に乗っていたが、ミイラ取りがミイラになり、やがて自らも海賊として世界中の海を暴れまわることになってしまったという数奇な人生を送った人物だ。

　最後は捕えられて絞首刑になってしまうが、世界の各地にはキッドが奪い取った財宝がまだまだ隠されているといわれていて、現在も探索が続いている場所もあるほどだ。

そんな財宝の一部が、日本の宝島にもあるといわれているのである。

1937（昭和12）年、当時の外務省にアメリカから1通の手紙が届いたことからその騒動は持ちあがる。「南西諸島のどこかにキャプテン・キッドが宝を隠した可能性がある」という内容の手紙と、宝島によく似た島の地図の写しが同封されていたのだ。

これを当時の新聞がスクープして、「日本にあるぞ、宝島！」と大きく報道したのである。実際に当時のいくつかの新聞記事にその報道を見ることができる。

その報道をきっかけに、宝島には国内外の多くの探検家が訪れるようになったのだ。彼らは島にある鍾乳洞や鉱山跡を調査したが、結局財宝は見つからなかった。これが宝島におけるキャプテン・キッド伝説の起源である。

とはいえ、日本の小さな離島までわざわざ外国船がやってきた可能性はあるのだろうか。この疑問に答えるかのように、この〝宝島〟には**実際にイギリス人がやってきた**という事件の記録が残っている。

時代的にはキャプテン・キッドが活躍していた頃より少し後のことになるが、1824（文政7）年、島に上陸したイギリス船の船員が島の牧場にいる牛がほしいと交渉に訪れる。ところが当時、日本は徳川幕府の下で鎖国政策をとっていたため島側は拒否。するとこれ

イギリス坂に立つ石碑。当時の事件の概要を伝えている。（写真提供：須賀川晃弘）

に怒った船員は牛を無理やり奪おうと襲いかかり、これに島民が立ち向かったというのだ。その事件現場となった坂道は現在「イギリス坂」と呼ばれ、当時の様子を伝える石碑が建てられている。

この一件はその後の幕府の鎖国政策を強化させたとして史実に残る事件であることからも、外国船は実際にこの宝島を訪れていたのである。そう考えると、キャプテン・キッドの船がやってきた可能性もゼロではないのだ。

近年ではテレビ番組の企画で宝島の大々的な調査も行われているが、やはり財宝は見つかっていない。いまも島のどこかに数億円ともいわれる財宝は眠っているのだろうか。

『獄門島』のモデルになった島

岡山県 六島	面積：1.02km^2 周囲：4.3km 人口：約100人

島を舞台にした映画は数多く発表されているが、一度耳にすると忘れられないその不気味なタイトルと、これまでも何度となく映像化されている人気の一作といえば、横溝正史原作の長編ミステリー小説『獄門島』を挙げずにはいられない。

もちろん、横溝作品でおなじみの探偵・金田一耕助は実在の人物ではないし、「獄門島」という名前の島は日本中のどの海を探しても見つけることはできない。ところが、この作品の**モデルとなった島**が瀬戸内海に存在するのである。

岡山県の笠岡港から約40キロメートルの海上にある六島《むしま》は、笠岡諸島に属していて岡山県の最南端にあたる。

六島と真鍋島を結ぶ船（写真提供：岡本恒雄）

じつはこの六島こそ、『獄門島』の舞台になった島とされているのだ。

この六島に行くには笠岡港より船を利用することになる。笠岡港から1日に2便出ている定期船でまずは同じく笠岡諸島に属している真鍋島をめざす。そしてそこからさらに六島へ行く船に乗るのだ。

映画でも金田一耕助の乗った船は笠岡の港を出てまず真鍋島へ向かい、そこからさらに獄門島をめざしている。

このことからも、この六島が獄門島であるという〝推理〟が成り立つ。そして実際に『獄門島』が映画化・ドラマ化された際には撮影が行われている。

ところが、実際の六島は映画のイメージとはかけ離れたのどかな風景が広がっている。

小さな島の中にはとくに観光名所といわれるような場所はないが、ありのままの風景や自然が美しい。六島は山が海岸まで迫っているので、人々の生活の場は坂の途中や山の中にある。

坂の上から眺める集落の屋根が並ぶ風景はまさに昭和の映画のワンシーンのようだ。また、岡山県で最初に建てられて六島灯台まで山を登れば、穏やかな瀬戸内海の向こうに見える四国の島影が美しい。

島の東側にある大石山の山肌には水仙が自生していて、毎年1月末から2月末にかけて白い花をつける。一面に広がる水仙の絨毯が島に春の訪れを告げるのである。水仙は島の人々によって遊歩道沿いにも植えられ、通称「水仙の小道」が整備されていて、島の人気スポットとなっている。

さらに島には飲食店が一軒もないことから、水仙に誘われて観光客が島を訪れる季節には、島の公民館が開放されて地元の人による定食やうどん、コーヒーの臨時販売が行われる。

手づくりの食事でゲストをもてなしてくれるとは、なんともうれしいサービスである。骨肉の争いで多くの血が流れた映画の話が皮肉に聞こえてくるほど、**人のぬくもりを感じることができる島**なのだ。

前浦唯一の商店。住人たちの井戸端会議の場所でもある。（写真提供：岡本恒雄）

ちなみに、『獄門島』の作者である横溝正史は岡山に疎開していた経験があることから、六島だけではなく、岡山から瀬戸内海にかけて横溝作品に登場する場所は少なくない。また作品の映像化に際してもロケ地として使われている。

前述のように、笠岡港はもちろん、真鍋島も映画やドラマの『獄門島』や『悪霊島』に登場しているため、岡山一帯はいまでも金田一ファンの〝聖地〟として人気を集めているのである。

あのシーンはこの景色がモチーフになっているのか、と思い巡らせながら島を歩くと、カランコロン……名探偵が愛用のゲタを履いて駆けてくる音が遠く聞こえてくるようだ。

壮絶な人減らしがあった南の島

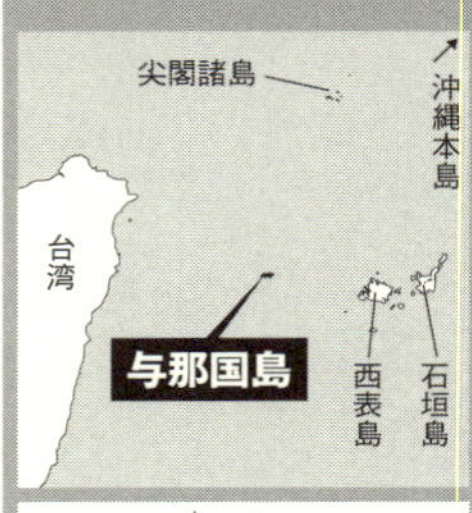

沖縄県	面積：28.84km²
与那国島	周囲：28.6km
	人口：約1800人

沖縄県の那覇から509キロメートル、台湾へも111キロメートルという日本の西の果てに位置する与那国島は、東シナ海と太平洋の絶景が楽しめるダイバーの島として人気を集めている――。

というと、まるでのどかな楽園の島をイメージさせるが、実際に与那国島を歩いてみると、琉球王国の植民地だった頃の暗い影の部分がくっきりと残されていることがわかる。一見、何の変哲もないキビ畑や断崖に、悲しい言い伝えを記録する碑や看板が立っているからだ。

琉球王国が栄えた15世紀頃、与那国島は女酋長が統治する独立国だったが、交易で中国

クブラバリ

やアジア各国を行き来する琉球人が中継点として島に入るようになると、しだいに琉球王国に支配されるようになる。

そんな与那国島に悲劇が訪れたのは17世紀に入ってすぐのことだった。１６０９（慶長14）年、薩摩の島津氏が琉球に侵入し、首里城が開城されたのだ。

これにより、薩摩の琉球支配が始まり、琉球王府は薩摩藩から厳しい年貢の上納を強いられることになった。

このとき、琉球王府は宮古島や八重山諸島など植民地として支配していた島々に対して**人頭税**を課したのだ。

人頭税とは、その名のとおり人民の頭数分だけ課せられる課税制度のことで、収入や支払い能力の差にかかわらず同額を納税しなくてはならない、大変厳しい制度である。

納税の対象となったのは、生産能力のある15～50歳までの男女全員だ。人頭税は主に米で納められたため、田を耕すために男たちは西表島《いりおもて》や石垣島へ出稼ぎに行き、女たちは琉球王府に上納する御用布織りに日々を費やした。風がやんでも機織りの音はやむことがなく、織り機から一時も離れられない働きづめの生活を余儀なくされたのである。

そんな島にとっては、喜ばしいことであるはずの新しい命の誕生ですら重荷となり、人減らしのための自衛策がとられた。子宝に恵まれた女性を**「久部良《くぶら》バリ」**という割れた断崖に連れて行き、岩から岩へと妊婦を飛び越えさせたのだ。

久部良バリの岩の割れ目は幅が3・5メートルほどあり、海面までの深さは7メートル。当時は、海の荒波が打ち寄せていたという。そこを身重の体で飛び越えるのは、どれだけ身体能力の高い女性にとっても過酷で、たとえ無事に向こう縁に飛べたとしても流産の危険は避けられない。こうして妊婦や胎児の命を絶って人口調整したというのだ。

また、男性は島に緊急徴集の鐘が鳴り響くと取るものも取り敢えず**「人舛田《トゥングダ》」**という小さな田んぼをめざして走ったという。決められた時間以内にトゥングダに入りきれなかった者は、労働力がない者と見なされて殺されてしまうからだ。

人頭税制度が始まった当初は、対象年齢に達していれば身体障害者もその対象になった。

時間内に入れなかった者は殺されたというトゥングダ。現在はさとうきび畑になっている。（写真提供：「八重山島風」）

となると、体が不自由で思うように米作りができない者の分は村で負担しなければならない。

ただでさえギリギリの生活を強いられている中、村には労働力のない者の分まで工面する余裕はなかった。トゥングダは、そんな切羽詰まった当時の状況を物語っているのだ。

また、島の女たちが来る日も来る日も織り続けた織物は、与那国島の伝統芸術「与那国花織」としていまに伝わる。格子柄の両面に花柄を織り込んだ反物は一見シンプルだが、光沢があり日の光に当ててみるとつややかに光り、表情を一変させる。人頭税の厳しさゆえに培《つちか》われた高度な技術が人々を魅了しているのは皮肉な話である。

一勝一敗がお約束の相撲が生きる島々

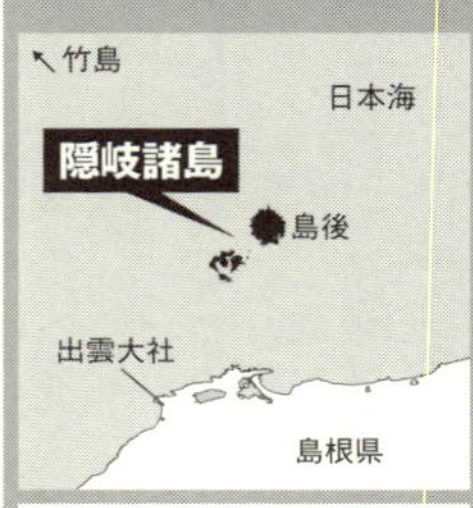

島根県 隠岐諸島	島数：180余 人口：約1.8万人

日本の国技である相撲。その相撲の発祥の地とされているのが出雲、現在の島根県であるのをご存じだろうか。

語り継がれている神話の一編にタケミナカタとタケミカヅチによる稲佐浜での力競べがあり、これが相撲の起源とされている。つまり相撲とは、もともとはスポーツや格闘技とは一線を画した**「神事」**だったのだ。

そして、その島根県に属する隠岐《おき》諸島では、神事としての相撲の伝統をいまに伝える一風変わったスタイルの相撲がとられているのである。

隠岐諸島は島根半島の北東約80キロメートルの日本海上に位置する、大小１８０以上も

大漁旗をなびかせて島にやってくる船たち（写真提供：佐々木和法）

の島からなる群島だ。「ゲゲゲの鬼太郎」に登場する妖怪たちのブロンズ像が並ぶ「水木しげるロード」でも有名な鳥取県境港から、高速船を使えば1時間半ほどで到着する。

また隠岐諸島は大きく「島前《どうぜん》」と「島《どう》後《ご》」と呼ばれる2つの地域に分けられる。島前は知夫里《ちぶり》島、中ノ島、西ノ島の3つの島からなり、これらは「島前三島」と呼ばれている。一方で島後は隠岐諸島中最大の島で、4つの町村が合併してできた「隠岐の島町」がある。

じつは隠岐諸島はこの4つの島以外はそのほとんどが無人島で、潮の満ち引きで隠れてしまうほど小さな島もあるのだ。古くから伝説や神話が多く残されているのもそんなところに理由があるのだろう。

そんな隠岐諸島で、神社やダム、学校の校舎の新築など慶事があったときに行われている島をあげての大きなイベントが**「隠岐古典相撲」**である。

ところで、通常の相撲ならば、先に相手を倒すか土俵の外に押し出すかしてその取り組みの勝敗を決める。また行司の微妙な軍配には土俵の周りを取り囲む審判員から「物言い」がつき、行司が集まって協議したうえで慎重な軍配が下される。

しかし隠岐の相撲は**「人情相撲」**とも呼ばれている独特なものだ。同じ力士が2番続けて取り組み、まず先に勝ったものが次の取り組みでは相手に勝ちを譲ってしまう。つまりは勝負をつけることが目的ではなく、相撲を取ること、そして神様に奉納することが目的なのである。結果として、取り組みの勝敗は1勝1敗が基本となる。

そうはいっても、実際に取り組みを行う力士は真剣そのもの。つまりは2番取るうちの最初の1番が事実上の勝敗を決するまさに〝ガチンコ勝負〟となるのだ。目の前で行われる、プロ力士のそれとはまた一味違う力の入った取り組みに観客からの声援は途切れることがない。

そしてこの古典相撲だが、土俵入りや相撲踊りなどの取り組み以外の儀式も含めて一度始まるとなんと夜を徹して取り続けられる点も独特だ。

2007 年、高校創立 100 周年記念で行われた隠岐古典相撲大会のワンシーン。夜中には子供たちの取り組みもあった。（写真提供 : 佐々木和法）

そのために、1回の開催で大人から子供まで多くの力士が集まり、一度の開催で300番以上の取り組みが行われるというから見事なものである。

ちなみに、2008（平成20）年には島後の隠岐の島町に30年ぶりとなる大相撲の巡業もやってきている。相撲発祥の地で行われた「隠岐の島町場所」は大いに盛り上がったということだ。

また、2009（平成21）年の大相撲春場所では、隠岐の島出身の力士がじつに51年ぶりとなる十両昇進を果たして話題になったのも記憶に新しい。

相撲発祥の地から横綱誕生――島民たちはそんなニュースを心待ちにしているにちがいない。

第3章 独自の歴史や文化を持つ島

地震によって1日で消えた幻の島

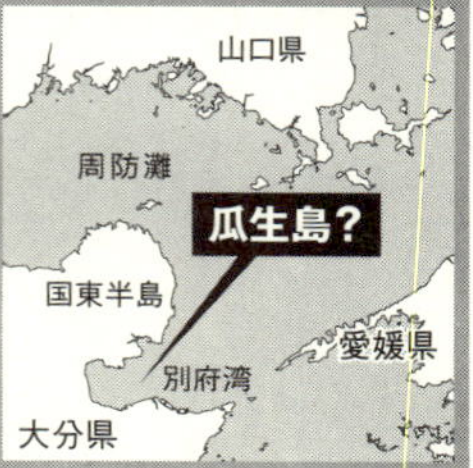

大分県 瓜生島	面積：不明 周囲：不明 人口：不明

大分県の東部、高崎山のふもとには別府湾が広がっている。大分市と国東《くにさき》半島に囲まれたこの湾は大きく、横断するには高速の漁船でも1時間はかかるほどだ。

この別府湾は見渡す限り穏やかな海原で、島影はひとつも見えない。

ところが、土地の言い伝えや伝説によれば、かつてこの湾内には「瓜生島《うりゅう》」と呼ばれる島が存在していたのだという。それも太古の昔ではなく江戸時代の話だ。

瓜生島は東西約3・5キロ、南北約2・3キロ程度の大きさで、現在の大分市勢家《せいけ》町の沖合にあったとされている。にぎやかな港町だったらしく、数千人もの人々が暮らしていた。

だが、1596（慶長元）年に起きた**大地震が1日にしてこの島を海の底に沈めてしまっ**

現在の別府湾

たのだ。このときの犠牲者は700人以上にも上ったという。

しかし、長い間語り継がれているにもかかわらず、じつは島の正確な位置はいまだにわかっていない。

そもそも瓜生島は本当に存在したのかどうかさえもはっきりとしていない、**幻の島**なのである。

瓜生島について最初に言及したとされているのが『豊《ほう》府《ふ》聞書《ききがき》』だ。この書物は現存していないが、その写本とも異本ともいわれる『豊府紀聞』が伝えられている。

といっても、『豊府聞書』が書かれたのは1699（元禄12）年。瓜生島が水没してから100年以上もの時がたっているため、伝説と事実が混在しているのではないかと信憑性を疑問視する声も出ているのである。

しかし、1596（文禄5）年の地震に関しては、このあたりの船奉行をしていた柴山勘兵衛、ポルトガル人宣教師のルイス・フロイスなど、当時の人々も被害状況を書き残しているのだ。

ただし、彼らの記録に出てくるのは「沖の浜」という名の町である。沖の浜の町が水に飲み込まれ、跡形もなくなってしまったのだという。

この沖の浜が瓜生島にあったのか、それとも浜辺の町だったのかは不明なのだ。

ところで、瓜生島にまつわる話は数々の伝説としても残っている。大分県の民話「瓜生島とえびすさま」もそのひとつだ。

島には古くから、**「いさかいが起きると、神仏が怒って島は沈んでしまう。**そのときには守り神の恵比寿さまの顔が赤くなる」という言い伝えがあった。

しかし、これを信じない男が、ある日えびすさまの顔を赤く塗ってしまう。すると地震と地鳴りが続くようになり、それは日増しに大きくなっていく。ついに大地震が起きて島は大津波に飲み込まれ、翌朝には影も形もなくなっていた――。

伝説の瓜生島の存在を突き止めようと別府湾の調査が行われたこともある。音波探査機

古文書に描かれた別府湾の地図。瓜生島の姿が描き入れられている。

のデータは、勢家町から約1キロ北の海底に地層の乱れを示した。

東西が約2・2キロ、頂点から底辺までが約2・5キロという三角形の地域に多量の土砂が堆積していたのだ。

別府湾の海底は多くの断層が走り、地震もたしかに多いものの、海底が崩れただけにしてはこの範囲は大きすぎる。決定的な証拠ではないが、これは瓜生島があったと推定される場所と一致していた。

瓜生島はなかった、半島だった、沿岸の村だった……など諸説があり、正規の文献にも瓜生島の名前は記されていない。だが、大地震で水没した地域があることは事実のようだ。はたして瓜生島は東洋のアトランティスなのだろうか。

神様の首から生まれた島

滋賀県 竹生島	面積：0.14km² 周囲：2.0km 人口：0人

日本最大の湖、琵琶湖はその大きさだけではなく、バイカル湖、タンガニーカ湖に次ぐ世界で3番目に古い**「古代湖」**として貴重な湖である。その琵琶湖に「神の棲む島」、竹《ちく》生《ぶ》島《しま》がある。長浜市の湖岸から約6キロメートルにあり、周囲2キロメートル、面積0・14平方キロメートルという大きさは、琵琶湖の中にある島としては2番目になる。

島の南側に港があり、長浜港または今津港からの定期便が発着する。観光客は船でこの島に上陸し、島内の寺社を巡ることになる。ただし、寺社と、観光客のための売店がある以外は何もない。つまりここは無人島なのである。しかし、人はいなくても、ここには神が棲んでいる。

竹生島

竹生島という名前の由来については、「竹が生えているから」「島の形が楽器の笙《しょう》に似ているから」などの説がある。

しかしもうひとつ、「神の斎《いつ》く住まい」という言葉の「つくすまい」の部分が「つくぶすま」と転じて、そこから竹生島の字があてられるようになった、という説もある。昔から信仰の対象として崇められてきた島にふさわしい由来だといえる。

それにしても、なぜ琵琶湖に、**「神の棲む島」**があるのだろうか。

発端は、神話の時代にまでさかのぼる。滋賀県内に夷服岳（現在は伊吹山）と浅井岳（現在は金糞岳）という山がある。夷服岳には多多美比古命《たたみひこのみこと》という神がいた。また浅井岳には、その姪にあたる浅井姫命《あざいひめのみこと》という神がいた。

ふたりは夷服岳と浅井岳の高さをめぐって争いを始めたのだが、叔父のほうが姪に負けてしまった。それだけではない。怒った多多美比古命は浅井姫命の**首を切り落としてしまった**。その首が琵琶湖に落ちてできたのが竹生島だといわれているのだ。神同士の争いごとの結末としては、なんとも凄《すさ》まじい話だが、その凄まじい話から、この島は生まれた。

現在、竹生島には宝厳寺《ほうごんじ》と都久夫須麻《つくぶすま》神社（竹生島神社）がある。明治元年に発布された神仏分離令によって明確に分けられたのだが、このうち都久夫須麻神社のほうには浅井姫命が祀られている。

観光客は船を下りると、自動販売機で拝観料を払ったあと「祈りの階段」という165段の石段を登ることになる。無病息災、家内安全を祈りながら登りきると、そこは偉大な仏堂である宝厳寺本堂だ。この宝厳寺は、724（神亀元）年に聖武天皇が建てたものだが、聖武天皇の夢枕に天照大御神が立ち「江州の湖中にある小島は弁才天の聖地だから、寺院を建立するように」と告げたことがきっかけで作られたものだといわれている。だから本堂には、本尊として弁才天像が安置されている。本殿を参拝したあとに訪れる納経所では、1年間でじつに10万人以上の人が御朱印《ごしゅいん》を授かるという。

宝厳寺でさらに三重塔や国宝指定の唐門などを見たあと、今度は都久夫須麻神社へと足

165段の祈りの階段（写真提供：太郎）

を運ぶ。

桃山文化を代表する見事な建築だが、それもそのはず、豊臣秀吉により伏見桃山城の「日暮御殿」が移築されたものなのだ（一説には豊臣秀吉の墓とも伝えられている）。その絢爛豪華な殿内部は一見の価値がある。

確かに無人島ではあるが、観光客として訪れても、そのわずか2時間あまりの滞在時間で、この島の神話的な空気を十分に実感することができるのだ。もちろん、琵琶湖を見渡す絶景ポイントも多い。

また、冬季になると琵琶湖には水鳥が飛来するが、それを写真におさめるカメラマンにとって竹生島をバックにした光景には「神の棲む島」と呼ぶにふさわしい幻想的な美しさがあり、人気になっている。

風葬の痕跡が残る「神の島」

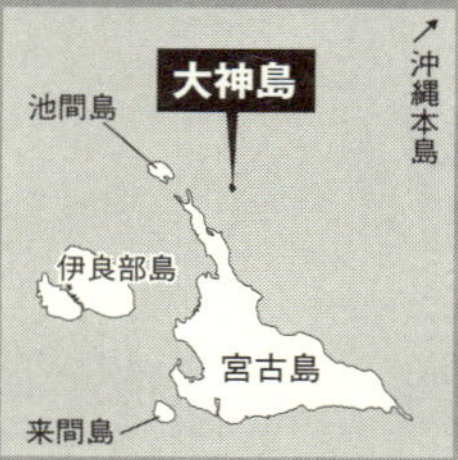

沖縄県
大神島

面積：0.24km²
周囲：2.3km
人口：約40人

沖縄本島から南西へ約３００キロ行った海原には、８つの島々が点在している。これらを総称して宮古諸島と呼ぶ。

なかでも主島である宮古島はもっとも大きく、全日本トライアスロン大会が開催されるスポーツの島としても有名だ。周辺の海は非常に美しく、ダイビングやシュノーケリングなどマリンスポーツのメッカでもある。

この宮古島の北部、およそ４キロの地点に大神島はある。

島の周囲は２・３キロ、面積は０・２４平方キロメートル、人口は40人足らずというこぢんまりとした島だ。島尻漁港から船でわずか15分という近距離であるにもかかわらず、

大神島の展望台からの風景（写真提供：『おきなわの離島 島の散歩』山岡成俊）

ここは観光客で賑わう宮古島とはうって変わって静けさに満ちている。

島の中央にある遠見原《とんばる》展望台からは３６０度のパノラマが見渡せるというが、観光客の姿は皆無に近い。まったく観光地化されていないため島へ渡るのはほとんどが島民だけなのだ。

こんなに小さく、訪れる人もまばらな大神島だが、じつは宮古諸島では特別な存在と見なされている。

何を隠そうこの大神島は、古くから**周囲の島の人々に崇められてきた「神の島」**なのである。

「神の島」といわれるだけあって、大神島には神秘的な風習や伝説がたくさんある。

何といっても聖なる場所が驚くほど多いことが特徴だ。

地元の人たちも立ち入りを禁止されている聖域・御嶽《うたき》ももちろん多数存在している。しかしそれ以外でも神が宿るとされている聖地が至るところにあり、集落以外の大半が聖地だと言っても過言ではない。

こうした聖地にむやみに足を踏み入れることは固く禁じられているのだ。

また、伝統的な祭祀である「祖神祭《うやがん》」も継承されている。これは旧暦10月〜12月に行われる祭で、豊穣や健康を祈るものだ。このときばかりは御嶽に立ち入ることが許されるという。

ただし、島外者には公開されない神秘の祭である。

かつてこの島には**風葬**という風習もあった。風葬とは死者を土中に埋葬せず、そのまま安置しておく葬法のことだ。

大神島では、亡くなった人を後生《ぐしょう》山と呼ばれる風葬のための洞穴まで運び、12年後に親族が骨を洗って骨壷に詰め、また、そのままその場所に安置したのだという。

これは明治末くらいまで行われていたとされている。

ただ、人々は死霊を恐れて**ふだんは洞穴には近寄らず、それについて話すことも避けていた**。そのため、実際にはどこが風葬の場所だったのかははっきりしていない。

島にある「拝所」と巨岩（写真提供：「神奈備にようこそ」）

また、大神島の聖域については、神の島ならではの言い伝えも残っている。

一時期、この島に海賊の宝が隠されているという噂が話題になったことがあるが、このとき聖域に踏み込んで宝探しをした者は奇怪な死を遂げたというのだ。

あるいは、島を周回する道路を造ろうとしたところ、次々と不可解な事故が発生し、結局工事は中止されたという。

最近では大神島はパワースポットとして注目を集めている。また、まるでキノコのような形をした奇岩「ノッチ」と呼ばれる岩が海岸沿いにある。

神罰の有無はともかく、島民が大切にする聖域は、くれぐれも犯さないように心したいものである。

特攻隊が残した花が咲く島

鹿児島県 喜界島

面積：56.86km²
周囲：50.0km
人口：約 9000人

太平洋戦争末期、生還を期せずに飛び立っていった特攻隊員の若者がいた――。

このことは、隊員たちが両親や兄弟に綴った手紙や戦争を生き延びた人々の証言などによって切々と語り継がれているが、この喜界島では**テンニンギク**という野花が特攻隊の悲劇をいまに伝えている。

鹿児島県の奄美群島にある喜界島は、奄美大島の東25キロメートルに位置し、鹿児島県の本土と沖縄の中間に浮かんでいる。

エメラルド色に輝くサンゴ礁に縁どられた周囲50キロメートル足らずのこの島へは、鹿児島空港から飛行機で1時間15分、奄美大島からはわずか20分で行くことができる。西岸

知覧から出撃する特攻隊を見送る女学生たち

沿いにある喜界空港が空の玄関口だ。

この空港は1931（昭和6）年に建設された旧海軍の飛行場で、太平洋戦争末期の喜界島は5000人以上の兵士が常駐する陸海軍の基地になっていた。

太平洋戦争が大きく動いたのは1945（昭和20）年5月7日のことだった。枢軸国の中で最後まで抵抗していたドイツがついに無条件降伏を受け入れ、ナチス・ドイツが滅亡した。このときから連合軍にとって敵はもはや日本だけになったのだ。

さらに、6月に入って連合軍による沖縄本島の上陸作戦が始まると敗戦色が濃厚になり、追い詰められた日本軍は毎日のように**神風特攻隊**による特別攻撃をしかけるようになった。

ゼロ戦に爆弾を積み、敵の艦艇に向かって兵士もろとも突撃する特攻は2500回以上にもおよんだというのだ。

こうした特攻隊の基地の多くは沖縄に近い鹿児島の本土にあったのだが、鹿児島と沖縄のちょうど中間地点にある喜界島にもそれは作られた。

鹿児島と沖縄は直線距離にして600キロメートルあまり。鹿児島の基地から直接沖縄に向かうように指示された兵士もいたが、中には途中の海上に浮かぶ喜界島にいったん物資を下ろしてから沖縄に向かう者もあった。

日が暮れはじめるのを待って鹿児島の基地を飛び立った神風特攻隊の一部は、喜界島にいったん降り立ち、飛行機の整備や給油を行った。**喜界島で最後の一晩を過ごした兵士は、翌日の夜明け前に、沖縄の敵艦に向かって飛び立っていったのだ。**

特攻隊基地には、学徒動員された女子学生がおり、兵士の宿舎の掃除や炊事、裁縫などにあたり、出撃する飛行機を見送った。

そのとき、女学生たちは兵士に野の花を手向けた。それがテンニンギクの花だったという。テンニンギクの種子は飛び立つ飛行機からこぼれ、滑走路周辺の丘に根づいたのである。それが、いまでは喜界空港の滑走路を赤く彩る花畑になったといわれているのだ。

しかし、一方ではテンニンギクはあるひとりの兵士が鹿児島の鹿屋基地から根っこをマ

テンニンギク。別名ガイラルディアともいう。

フラーの中に巻いて持ち運び、喜界島の基地に植えたという話も残されている。〝天人菊〟という花の名前と、遠からず天の人になってしまうはかない自分の運命を重ね合わせていたのだろう。

いずれにしても、この花が戦争を体験した人々の思いと強く結びついていることは確かである。

テンニンギクの花は毎年3月頃から咲きはじめ、初夏に満開を迎える。3月頃というと、ちょうど神風特攻隊の出撃が始まった時期と重なる。

何十年、何百年たっても悲惨な戦争を風化させないように、テンニンギクは毎年同じ時期になると喜界空港の滑走路を赤く染めているのかもしれない。

254基もの古墳がある島

福岡県
相島

面積：1.22km²
周囲：6.7km
人口：約400人

福岡県新宮《しんぐう》町の新宮漁港から船で20分、九州本土から7・3キロメートルに位置する相島《あいのしま》には日本人のルーツにかかわる重要な歴史遺産がある。それが**「積石塚群」**だ。

積石塚は古墳のひとつで、5〜7世紀までの古墳時代に作られている。古墳というと、日本全国で見られる前方後円墳のように盛られた土の上を鬱蒼《うっそう》とした森が覆っているイメージが一般的だが、相島のそれは石だけを積み上げたものや、石と土を混ぜ合わせて造られている。

その数はひとつやふたつではない。総面積わずか1平方キロメートルあまりの小島に、なんと254基もの古墳が確認されている。しかも、この古墳は、弥生時代に南方からやっ

相島積石塚群（写真提供：新宮町教育委員会）

てきた**海人族《あまぞく》の墳墓**だというのだ。

日本人の起源については、さまざまな学問分野で研究テーマとされているが、その中に、日本人は北海道側から日本にやってきた人々と、九州側から入ってきた人々との2つの人種の混血であるという説がある。

いまから500万年ほど前にアフリカ大陸の東部でヒトの祖先が誕生し、ユーラシア大陸を東へと移動する長い旅が始まった。旅の途中、大きな障害物に突き当たる。世界最高峰のエベレストを擁するヒマラヤ山脈である。

ここで、北と南の二手に分かれて移動することになるのだが、その北回りのグループがシベリアを経由して日本列島に入り、南回りのグループは中国大陸を南下して北九州から上陸した。つまり、この日本列島で悠久の時を経て再会したということなのだ。先に日本にたどり着いたのは北回りのグループで、縄文文化を築いたことから縄文人と呼ばれた。その後、南回りのグループが到達した。彼らは弥生人といわれている。

弥生人は後からやってきたことから〝渡来人〟と呼ばれているが、彼らこそが海人族であるといわれているのだ。

稲作や塩づくりなど、海人族は縄文人にはなかったさまざまな知識や技術をもたらした。航海術に長《た》けていたことから、時の為政者からも重用され、やがて北九州の豪族としてその名が知られるようになる。

さらに海人族は全国にその勢力を伸ばし始める。為政者のもとで調理をつかさどる大膳職に就いたり、祭祀用の舞の教習を務めるなどして大和朝廷の一員になり、奈良時代になると海人族系の豪族は長野の安曇《あずみ》にまで現れるようになるのだ。

そんな**優れた才能を持った海人族**は、名前を列記するだけでその活躍のほどがわかる。じつは、柿本人麻呂や山上憶良《やまのうえのおくら》、山部赤人《やまべのあかひと》など有名な万葉歌人のほとんどは海人族の出身だといわれているのだ。

また、小野妹子や阿倍仲麻呂、空海、最澄など遣唐使や遣隋使となり、命がけの航海で中国に渡った人々もそのほとんどが海人族系だった。海人族の存在なくしては、日本の

相島の海岸風景。のどかながらも長い歴史のなごりが感じられる。(写真提供:九州がんセンター)

文化の発展はなかったと言っても過言ではないのである。そんな海人族にとって、古くから中国大陸と九州を結ぶ交通の要衝になっていた相島は、一族のルーツにまつわる特別な場所だったのだろうか。これほどまでに、まとまった数の古墳が見つかったのは全国でも珍しい。

254基という膨大な数の古墳があったにもかかわらず、それは1992(平成4)年まで確認されなかった。海人族が眠るとされる墓は、10数世紀にわたって波にさらわれることもなく人知れずそこに存在していたのだ。

現在は、2001(平成13)年に国の指定史跡として認定され、大切に保存されている。

キリシタンたちが流された島

岡山県鶴島	面積：0.1km²
	周囲：2.1km
	人口：0人

岡山県備前《びぜん》市の日生《ひなせ》港からは、瀬戸内海にある大小さまざまな日生諸島の島を眺めることができる。なかでももっとも大きいのは岡山県最大でもある鹿久居《かくい》島で、その島影に隠れるようにひっそりと浮かんでいるのが鶴島《つるしま》だ。

鶴島の総面積はわずか0・1平方キロメートル。現在は無人島だが、じつはこの島には明治時代に１１７人もの人たちが島流しにされてきたという歴史がある。その流人たちは全員が長崎浦上村の**キリシタン**だった。

キリスト教の日本における歴史は１５４９（天文18）年、宣教師フランシスコ・ザビエルが薩摩に上陸したときに始まる。ザビエルは、領主の島津氏の許可を得て布教活動をは

キリシタン殉教者のために建てられた石碑（写真提供：備前市）

じめ、しだいにその範囲を拡大していく。

当時の日本は戦国時代の真っただ中にあり、寺や神社までもが武装してその身を守っており、信仰は薄らぐ一方だった。

そんな折に、異国からもたらされたキリスト教はその目新しさも手伝って人々の関心を引きつけ、時の権力者である織田信長の庇護を受けて順調に信者を増やすことに成功するのである。

だが、豊臣秀吉の治世になると、キリスト教への風当たりは激しくなる。

キリスト教宣教師や洗礼を受けたキリシタン大名によって九州の神社仏閣が焼かれたり、日本人が奴隷としてポルトガルに売られたりしていることを知った秀吉はキリスト教を危険視し、「宣教師追放令」を発布したのだ。

またそれ以上に、天下統一を狙う秀吉にとっては、一神教で神のみを信じるキリスト教は統一を阻む障害になると思われた。

江戸時代になってもキリスト教への風当たりは変わらず、むしろ取り締まりはさらに強化された。幕府は「キリスト教禁止令」を発布して、教徒を徹底的に弾圧したのだ。

1622（元和8）年までに長崎のキリシタン55名が処刑され、1624（寛永元）年には秋田で32人のキリシタンが火あぶりにされるなどの残虐事件の記録が数多く残されている。

だが、鶴島にキリシタンたちが送られたのは、江戸時代ではなかった。鎖国を解いて、日本が近代国家へと走り出した明治時代になってからのことだった。

開国、そして明治維新を経て、世は一気に変化したように思われたが、人心や慣習はそう簡単に変えられるものではなかった。キリスト教を邪教とする見方は明治になっても踏襲され、明治政府は3400人あまりの長崎のキリシタンを捕らえて全国に配流したのだ。

これは、〝浦上四番崩れ〟といわれる**過去最悪のキリシタン弾圧事件**だった。

鶴島に流されたのはそのうちの117人で、人々は狭い長屋にすし詰めにされた。さらに、毎日男性は8坪、女性は6坪の原野を開墾するという重労働が課せられ、その**流刑生**

活は過酷を極めた。

しかし、キリシタンたちは執拗に改宗を迫られながらも鶴島への流刑を「天主への旅」と呼び、過酷な日々を耐えた。

その中には、４年間の流刑生活ののちに浦上に戻り、荒れ果てた故郷で一から生活を建て直し、孤児となった子供らの養育に生涯を捧げた岩永マキの姿もあった。

また、故郷の地を踏むことなく生涯を閉じた者もあった。1873（明治６）年にキリスト教禁止令が撤廃されるまでの４年間に、鶴島では18人の〝旅人〟が殉教している。

いま、鶴島の南東部の斜面には殉教者の碑と十字架が岡山県のカトリック教徒によって建立され、そのそばにはマリア像が静かに手を合わせている。

殉教者のために手を合わせる鶴島のマリア像（写真提供：備前市）

「鬼のすみか」の洞窟がある島

香川県
女木島

面積：2.67km²
周囲：7.8km
人口：約200人

子供の頃から何度となく聞いた昔話の代表的なものといえば「桃太郎」だろう。

「昔、あるところにおじいさんとおばあさんが住んでいました。ある日、おばあさんが川へ洗濯に行くと、大きな桃がどんぶらこと流れてきて――」というストーリーは、有名すぎるほど有名である。

もちろん、川から流れてきた大きな桃から男の子が生まれてくるところなど、物語自体はフィクションにちがいないが、物語の原型とされる伝承が数多く残る岡山県では、桃太郎伝説のゆかりの地としてさまざまな遺跡や建造物が紹介されている。

だが、桃太郎伝説に由来する場所があるのは岡山県だけではない。じつは瀬戸内海を挟

鬼の洞窟入り口（写真提供：四国鬼ヶ島観光協会）

んだ対岸の**香川県にも桃太郎伝説が存在していた**のだ。

しかも、瀬戸内海には物語に出てくる〝鬼ヶ島〟だったのではないかと言い伝えられる島がある。高松港から北へ約４キロメートル、フェリーに乗れば約20分で行くことができる女木島《めぎじま》がそれだ。

なぜ、この女木島が鬼ヶ島といわれているのかというと、それは**鬼のすみかとされる巨大洞窟**があるからだ。

１９１４（大正３）年に発見されたこの大洞窟は、奥行きが４００メートルあり、広さはじつに４０００平方メートル。島の中央付近にある鷲ヶ峰の中腹にあり、鬼が作ったといわれるこの洞窟の中は迷路状になっている。

しかも、この島では相当古い奇妙な頭蓋骨の化石が発見されている。大きさは人頭よりひとまわり大きく、その頭頂部には角としか思われないような突起物があったというのだ。

ちなみに、岡山県に伝わる桃太郎伝説では、鬼の身長は4メートル以上といわれている。この頭蓋骨の化石が鬼のものかどうか断定することは不可能だが、鬼の身長と頭蓋骨のサイズは合わなくはない。

また、伝承によると鬼は人を襲って金品や貢物を略奪し、人肉を大釜で煮て食べるなどしてのさばっていたといわれているが、女木島の大洞窟には鬼たちが宴を開いた広間や、奪った財宝を隠しておくための地下の宝物庫、誘拐してきた婦女子を監禁するための部屋もあったという。

奥まったところにある鬼大将の部屋は、見張り台や海岸に抜ける出口があるなど、その造りも周到で、まさに非道の限りを尽くした鬼の生態を垣間見ることができるのだ。

香川県の桃太郎伝説はそれだけではない。ちょうど女木島の対岸に位置する香川県の本土には、その名も「鬼無町《きなし》」という町がある。

ここは、昔話の最初に出てくる〝あるところ〟だとされているのだ。もちろん、町の名前は桃太郎が鬼退治をしたおかげで鬼がいなくなったことに由来している。

さらに、鬼無町の安徳地区には「大古屋」という桃太郎のおじいさんとおばあさんの住

鬼が逃げ込んだという伝説の残る男木島の「ジイの穴」（写真提供 :reiko）

居跡があり、おばあさんが洗濯をしたという川も流れている。

桃太郎を祀る桃太郎神社もあり、神社内には、鬼退治に同行した犬とサル、キジの墓もあるというから驚きだ。

安徳地区に住んでいた桃太郎が、非道の限りを尽くす鬼を成敗するために海を渡って女木島へ――。まさに、桃太郎の話どおりの展開を描くことができるのだ。

現在、巨大洞窟は「鬼の大洞窟」として観光地化されており、洞窟の中には鬼のすみかが再現されている。

ちなみに、女木島からさらに20分間フェリーに乗ると男木《おぎ》島という島があり、ここには桃太郎に退治された鬼が逃げ込んだとされている**「ジイの穴」**が残っている。

島全体が恐竜化石の博物館になっている島

熊本県 御所浦島	面積：12.36km² 周囲：25.7km 人口：約2500人

「恐竜の島」といえば、映画の『ジュラシック・パーク』や『キングコング』に登場するような、現代文明から切り離された南海の孤島というイメージがあるが、この日本にも**「恐竜の島」**と呼ばれている島が存在する。

九州のほぼ中央に位置する火の国・熊本県。その西海には大小120の島々からなる天草諸島が広がっている。東シナ海、有明海、そして八代海《やつしろかい》にまで点在している広大な群島だ。

古くは多くのキリシタンが暮らした地域で、天草という名を耳にすると天草四郎と「島原の乱」の悲劇を思い出す人も多いはずだ。

その天草の島々のひとつに御所浦《ごしょうら》島がある。御所浦島は熊本県天草市御所浦町に属して

恐竜が発見された白亜紀の地層（写真提供：天草市立御所浦白亜紀資料館）

いるが、この御所浦町は合わせて18の島々から構成されているという群島らしい特徴ある場所だ。そのほとんどがいまでは無人島という御所浦町にあって、現在も人が住んでいる3つの島の中ではもっとも広い面積を誇っている。

この御所浦島のある八代海は、深夜に海上に現れる蜃気楼の一種である不知火《しらぬい》が見られることから「不知火海《しらぬいかい》」という不気味な別名も持ち合わせている。とはいえ、実際の不知火海といえば九州本土と天草諸島に囲まれた内海で、「ゆりかごの海」とも呼ばれるほどじつに穏やかな海なのだ。

そんなのどかな漁村を騒がす一大発見があったのは１９９７（平成９）年のことだ。島の南方に位置する京泊《きょうどまり》地区で、町から依頼を受けた高知大学のグループが**日本最大級の恐竜の化石**を発掘したのである。

御所浦島には約1億年前という古い白亜紀の地層が残っていることもあり、以前から島のあちこちでアンモナイトなどの貝の化石はよく発掘されていた。そのため、研究者の間ではさらに大きな発見を期待されていた場所だったのだ。

そして、大型恐竜の化石が見つかったことで島は「日本にもあった恐竜の島」として一躍注目され、多くのマスコミや観光客が押し寄せるようになったのである。

そこで、島では島内の各所に化石が発掘された地層や、発掘された化石を展示する資料館を設置して**「全島まるごと博物館」**をテーマとした町おこしに乗り出したのだ。

フェリーや定期船で御所浦島を訪れると、港ではさっそく巨大なトリケラトプスのレプリカが観光客を待ちかまえている。さらに郵便ポストの上や案内標識など島のあちこちにも恐竜のレプリカがさりげなく置かれていて、島を歩くだけでも〝恐竜ハンティング〟を楽しむことができるのだ。

1億年前にはこの島を恐竜たちがかっ歩していた、といわれても「へえ、そうだったのか……」程度にしか感じないかもしれないが、御所浦島でいまも残る太古の地層や発掘された恐竜の化石を目の当たりにするとただただ言葉を失ってしまう。不思議と恐竜たちの息づかいが聞こえてくるようである。

島の化石窟では、このような化石が数多く見つかる。（写真提供：昭 JIJI）

ちなみに、白亜紀の頃には北半球のほとんどが地続きだったという説がある。次々と恐竜の化石が発掘されている中国大陸とも地続きだったと考えると、日本各地に恐竜の化石が残っているのは当然のことといえる。

ところで、御所浦島には見学だけではなく誰でも気軽に化石の発掘を楽しむことができる採集場もある。発掘に必要なハンマーを借りることもできるので、子供から大人までハンマーを振るってつかの間の古生物学者気分を味わうことができる。

もしかすると、いまもひっそりと眠っている貴重な恐竜の化石を掘り当てることができるかもしれないのだ。

900年前の悲劇が残る島

鹿児島県 硫黄島	面積：11.65km² 周囲：14.5km 人口：約100人

平安時代に流刑の末に死に至った僧侶、俊寛の伝説を題材にした、そのタイトルも『俊寛』という歌舞伎の演目がある。これは、俊寛が流された鬼界ヶ島を舞台に繰り広げられるドラマだが、じつは「鬼界ヶ島」という島は地図のどこを探しても存在しない。

鬼界ヶ島という名前は通称で、正式名称を「硫黄島」という。太平洋戦争の激戦地になったことで有名な小笠原諸島のそれではなく、鬼界ヶ島と呼ばれている硫黄島は鹿児島県から60キロメートル南下した屋久島の近くにぽっかりと浮かんでいる。

この島は周囲わずか14キロメートルあまりの小島ながら、島の東側には標高700メートルの硫黄岳が噴煙を上げ続けている。それに加えて、海底から噴出する温泉によって島

硫黄島の東温泉（写真提供：横田毅）

の周囲は七色に変色しており、一種異様な雰囲気を漂わせているのだ。

　鬼界ヶ島の名前でこの島が登場するのは平家物語だ。時は平安末期、主要な官位を独占していた平氏一門は、全国に500以上の荘園を持ち、日宋貿易で莫大な財貨を得るなど、隆盛を極めていた。

　京には、そんな平氏に不満を抱くものが少なくなく、藤原成経《なりつね》、平康頼《やすより》、俊寛の3人に加えて、多田行綱、西光らが平家打倒を計画した。だが、多田行綱が清盛にこの陰謀を密告し、首謀者が全員処罰された。1177（安元3）年に起きた**「鹿ケ谷《ししがたに》事件」**である。

　清盛は、西光を拷問にかけたうえに首をはね、成経、康頼、俊寛を流刑に処した。

3人は刑期がないまま薩摩国の孤島である鬼界ヶ島に島流しにされることになったのだ。

平家物語によると、鬼界ヶ島というところは、「舟がめったに通らず、人影もまばら。島民はいるが言葉が通じず、農夫がいないので穀物の類はなく、衣服もない」ところだとされている。華やかな平安の都から流されてきたものにとっては、この上なく何もない貧しい島だったのだ。

しかし、翌年、島に思いがけない舟が現れる。京からの使者を乗せた赦免船がやってきて、清盛によって赦免されたことを告げる赦免状が読み上げられたのだ。

だが、その赦免状の文面の中に俊寛の名はなかった。俊寛はさきの陰謀の首謀者として赦免が認められなかったというのだ。

愕然とする俊寛を残して、康頼と成経を乗せた船は遠ざかる。「これ乗せていけ、具《ぐ》して（連れて）行け」と俊寛は赦免船に向かってあらん限りの声で叫ぶが、無情にもその願いは届かずついに置き去りにされてしまうのだ。

康頼と成経とともにいたときには、鬼界ヶ島をときどき訪れる舟に硫黄を売ったり、海草を食べたりしながら命をつないできたというが、ひとり残された俊寛にはそんな気力さえなかったのだろうか。俊寛は赦免船が去った同じ年に、ついに餓死してしまうのだ。一説には、この死はただの飢え死にではなく、**自らの覚悟で食を断った自害**だったともいわ

2009年５月、硫黄島で上演された薪能「俊寛」の一幕（写真提供:共同通信社）

れている。
島の中央に位置する稲村岳の麓には、いまでも俊寛が暮らしたという小さなお堂があり、「俊寛堂」の名がつけられている。
七色の海や豊富な温泉、そしてこうした平家物語の伝説が残っていることなどから、昭和40年代に鬼界ヶ島はリゾート開発のターゲットとなったが、結局破綻してしまい、現在は１００人あまりの島民が暮らす、静かな島に戻っている。
ただ島内には、その当時に飼育されていた孔雀が野生化して繁殖している。古来から〝邪気を払う〟ものとされている孔雀が、島に平和をもたらしているのかもしれない。

頼朝ゆかりの個人所有の島

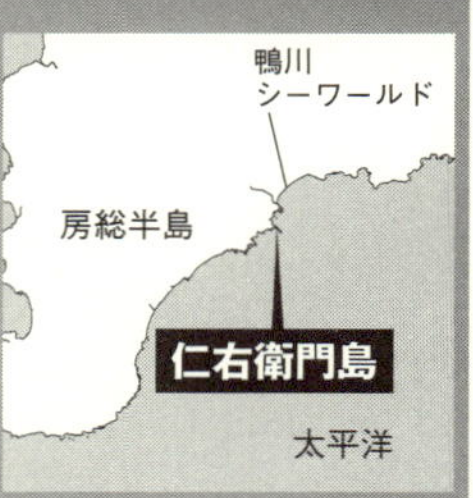

千葉県 仁右衛門島	面積：0.03km² 周囲：約4km 人口：不明

「先日のお礼にお菓子をいただいたんですよ」という経験なら誰もが一度はあるだろう。ところが、**「おれに島ひとついただいてしまいました」**――、そんなつくり話のような歴史が残っている島が千葉県には存在するのだ。

千葉県の房総半島南部に位置する鴨川市。温暖なこの地にはマリンスポーツやいちご狩りなどで多くの観光客が訪れる。この鴨川の太海《ふとみ》海岸に浮かぶ小島が、その仁右衛門島《にえもんじま》だ。

海岸線からも肉眼で見ることができるこの仁右衛門島には、船で5分ほど行くと到着する。ところが、島への船が出る船着き場には10人も乗るといっぱいになる手漕ぎの船があるばかり。船頭さんが木製のオールを漕いで船を出してくれるのである。

仁右衛門島

ゆっくりゆっくり進む船に、「これはなにかある」と島を訪れる人の期待は高まるばかりだ。

さて、この仁右衛門島の周囲は約4キロメートル。広さは3万平方メートルほどと、郊外によくあるショッピングモール程度の大きさを想像していただければいいだろう。ゆっくり歩いても1周50分ほどで見ることができる小さな島である。

島は無人島というわけではないが、住んでいるのは平野仁右衛門さん一家だけ。そう、この仁右衛門島は平野さんが個人で所有している島なのである。

しかも、島主である平野さんは**800年以上前から代々受け継がれている「平野仁右衛門」という名を名乗っているの**だ。はたしてそこにはどんな理由があるのだろうか。

１１８０（治承４）年、初代の平野仁右衛門はある重要人物をこの仁右衛門島にかくまうことになる。その人物こそがのちに鎌倉幕府を開くことになる**源頼朝**だった。頼朝は平家に対して挙兵するも戦いに敗れ、伊豆から船で安房、現在の房総半島に命からがら逃げ込んできたのである。

このとき平野仁右衛門が太海海岸に浮かぶ小島に頼朝をかくまい、頼朝は難を逃れたのだ。そのときに頼朝が隠れたといわれる洞窟はいまでも「かくれ穴」と呼ばれ島に残っている。命拾いをした頼朝は兵を建て直すと関東を平定し、征夷大将軍となって鎌倉幕府を開いた。そして頼朝は命を助けてもらったお礼として平野仁右衛門に自分が隠れたその島と島一帯の漁業権を与えた。そして初代の島主となった仁右衛門の名をとって「仁右衛門島」と名づけられたのである。

歴史においてタラレバは禁物だが、もし仁右衛門が頼朝を助けていなければ、頼朝がそのまま命を落としてしまっていたら……。鎌倉幕府はもとより日本はいつまでも武家政治の世の中にはシフトすることができず、日本はまったく別の国になっていたのかもしれないのだ。そう考えると、この仁右衛門島は日本の歴史において非常に重要な役目を果たしたことになる。子孫が代々その誇りある名前を引き継いできた理由も理解できるのである。

邸内の一部は公開されている。個人所有の島なので、足を運ぶときは草花などを持ち帰らないように注意したい。（写真提供：かなっぺ）

ちなみに、島には平野家が代々暮らしてきた家屋が残っていて、もちろん現在も使用されている。現在の住居は１７０４（宝永元）年に建て直されたもので、その一部は公開されていて見学することもできる。

夏は涼しく冬は暖かい島には、四季を通じてさまざまな花が咲き、金銀《きんぎん》針《はり》茄子《なす》などの珍しい植物も見ることができる。また、松尾芭蕉など名のある歌人の歌碑も多く建っていて、島には今日も多くの観光客が訪れている。

平成を生きる平野仁右衛門さんはなんと38代目になるという。はるか昔に頼朝がそうしたように、手漕ぎの船に揺られて平野家が守ってきた仁右衛門島をめざす人は後を絶たない。

ムツゴロウさんが住んでいた島

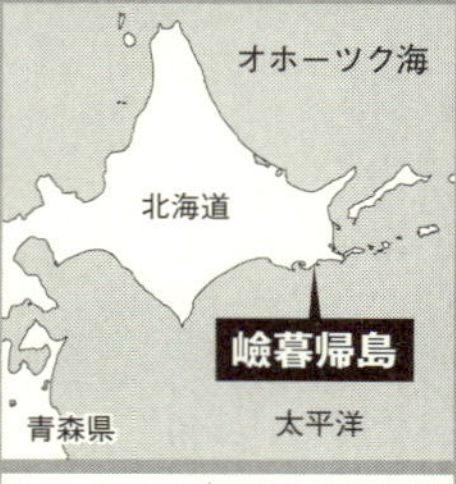

北海道 嶮暮帰島	面積：0.07km² 周囲：4.5km 人口：0人

手をのばすと届いてしまうほど目と鼻の先に見えていても、そこには人が生活している気配は微塵も感じられない。そこは一面の大自然の中をウミツバメやウミネコが飛び交う海鳥の楽園――。北の大地・北海道にはそんな未開の島々がまだまだ多く残されている。北海道の東部、釧路と根室半島のほぼ中間点である厚岸《あっけし》郡浜中町にある嶮暮帰《けんぼっき》島もそんな島のひとつだ。

釧路から車で2時間半ほどのところにあるこの浜中町は、世界の湿地とそこに暮らす野生動物を保護する「ラムサール条約」にも登録されている霧多布《きりたっぷ》湿原が広がっていることでも知られている。

平らな嶮暮帰島（写真提供：「日本の車窓・雨男の紀行文」）

ユリの仲間で黄色いラッパのような花を咲かせるエゾカンゾウなど色とりどりの花が咲き誇り、オオハクチョウなどの多くの渡り鳥が中継地としても利用する、まさに水と緑のオアシスとなっている。

太平洋に面している湿地帯から沖を見渡すと、もっとも標高のあるところでも60メートルほどと、見た目には起伏もなく平たく広がった島を見ることができる。嶮暮帰島がよく**「テーブルのような形をした島」**と評される所以《ゆえん》だ。

この嶮暮帰島は霧多布湿原を背にした琵琶瀬漁港の沖合700メートルほどのところに浮かんでおり、かつては大潮の日には歩いて島に渡ることもできたという。地元の昆布漁師が漁のために粗末な小屋を建てていたことがあるという程度の無人島である。

ところが、身ひとつでこの無人島に渡り、大自然を相手に生活を挑んだ人物がいる。動物と人がともに暮らす「動物王国」を築いた**ムツゴロウさん**こと畑正憲さんである。

東京の出版社に勤めていた畑さんは、大自然の中での暮らしを求めて一念発起し、都会の生活を一切捨てて家族とともにこの嶮暮帰島に移住する。それはマクドナルドの日本第一号店が銀座にオープンし、日清食品がカップヌードルを世に送り出すといった新時代のカルチャーショックが日本に訪れた１９７１（昭和46）年のことである。

すべてがそろっている都会での暮らしから一転して、電気やガスはもちろん日常生活に必要なものさえなにひとつない無人島での暮らしは想像を絶するものだった。

しかし、島は絶滅危惧種に指定されている珍鳥・エトピリカや、世界でもっとも小さいほ乳類のひとつとされているトウキョウトガリネズミを見ることができるなど、まさに希少動物の宝庫だったのだ。

こういった厳しい環境こそ、畑さんが求めていた自然や動物との共存を可能にする場所だったのである。そして、この島での経験を活かしてのちに「動物王国」を開くことになる。

畑さんはこのときの島での暮らしをもとに多くのエッセイや小説を発表し、それが話題となって嶮暮帰島も注目されることになった。

無人になった島に残された廃屋（写真提供：「日本の車窓・雨男の紀行文」）

ところで、周囲約4・5キロメートルという小さな嶮暮帰島へは現在、地元のペンションやNPOが主催する「無人島探検ツアー」で上陸することができる。

畑さんのように生活をしたいというわけではないものの、手つかずの大自然に憧れて無人島に引き寄せられる観光客は後を絶たないのだろう。

ちなみに、この嶮暮帰島の名前の由来は古くから伝わるアイヌの言葉の「ケネポク」からきている。湿地に生える樹木であるハンノキ、そのハンノキの下に広がる土地という意味だ。

自然とともに暮らした先達がつけた名前そのままにその懐に希少な動植物を抱きながら、嶮暮帰島は今日もときを重ねている。

謎の古代遺跡「ケルン」が残る島

石川県 舳倉島	面積：0.55㎢ 周囲：5.1km 人口：約150人

イギリスに残されている謎の巨石群・ストーンヘンジのように、日本国内にもその真意がいまだに謎に包まれているミステリアスな遺跡を見ることができるのをご存じだろうか。石川県にある舳《へ》倉《ぐら》島は、輪島港の北方約50キロメートルの海上に位置する周囲約5キロメートルの小さな島だ。

この舳倉島はまさしく日本海の真っただ中にある離島で、島の周囲は叩きつける荒波で削られてしまうため険しい断崖絶壁となっている。そんな、船さえも容易に近づくことができないようなこの島にいくつもの**謎の積み石（ケルン）**が残されているのだ。

とはいえ、ケルンというと「登山の世界で使われている言葉ではないのか？」と不思議

謎の遺跡ケルン（写真提供：「日本の車窓・雨男の紀行文」）

に思う人もいるはずだ。
たしかにケルンは山で見かけることが多いものだ。山でケルンといえば、先に登った登山者が後から登ってくる者のために、道しるべとして積み上げられた小石の山を指すのである。また、その山での遭難者を弔《とむら》って積んでいることもある。
そんなケルンが、なぜこの舳倉島にあるのだろうか。

島に残されているケルンは70個ほどだ。島のあちこちに立ち並び、人の背丈よりも高いその姿は恐竜や怪獣の類のようにも見えてしまう。日本海の荒波をバックに、積み上げられた石が無言で立ち並ぶ光景は少々不気味でもある。

さらに不気味なことに、島にはケルンにまつわるいくつかの言い伝えが残されているものの、その積み上げられた理由ははっきりとはわかっていないのだ。

古くから昔話のように伝えられている説が「竜神様の供養塔」である。島には現在も「竜神池」と呼ばれている池があるが、その名前はかつてこの池から竜の骨が見つかったことに由来するといわれている。

そこで竜を供養するために島民の手によって石が積まれたのだ。その手厚い供養のおかげか、島では海草が豊富に採れるようになったといわれている。

別の説としては「船への目印」がある。島の標高はもっとも高いところでも12メートルほどと、少しでも高い波が押し寄せると船から島の姿はすぐに見えなくなってしまう。そこで石を積んでいくつも塔をつくり、低い島を少しでも高く見せようとしたのだ。

そしてもっともこの島らしい説が**「海女の積み石」**だ。

じつはこの舳倉島の住人は、もともと漁の時期だけ島で暮らす季節定住者がほとんどで、地元では「海女の島」という別名で呼ばれている。現在も島に暮らす女性はほぼ全員が海女として生計を立てているのである。

彼女たちは素潜りで20メートル以上潜ってアワビやサザエを採るという昔ながらの漁をいまも続けている。

車のチューブを使って漁をする現代の海女（写真提供：時事通信）

中には80歳を超えても潜るという、なんともたくましい人もいるという。そんなたくましい海女が獲物の多い漁場の目印として石を積み上げたというのだ。

いずれにしてもこのケルンは、荒々しい大自然と真正面から向き合わなくてはならない島の暮らしの中から生まれたことはちがいない。

ケルンを形づくっている石のひとつひとつに、島の人々の思いがこめられているのだ。

近年、舳倉島のケルンは国土交通省が日本を代表する島の景観を選んだ「島の宝100景」にも選ばれている。

謎のケルンはいまや立派な島のシンボルとなっているのだ。

1人に2つの墓を作る島

香川県 佐柳島	面積：1.83km² 周囲：6.6km 人口：約150人

お彼岸やお盆に故郷に戻り墓参りをする人は少なくないだろう。先祖やいまは亡き人を思い墓を清め、花や線香を手向けて手を合わせる。いつまでも大切にしていきたい日本の行事である。

さて、墓といえばいまでも古くからの伝統そのままに珍しい方法で死者を弔っている島がある。通常、墓はひとつだけ建てるものだが、その島では**墓を2つセットにして建てる**というのだ。

そんな独特の風習を守っている島が、瀬戸内海のほぼ中央に浮かぶ佐柳《さなぎ》島だ。讃岐うどんでも有名な香川県に属していて、香川県中部の多度津《たどつ》港から1日に4便出ているフェ

２種類の墓が並ぶ佐柳島の風景（写真提供：太田昭生）

リーで50分ほどの位置にある。

周囲は6キロメートルほどの小さな島で、標高２４９メートルの高登《たかと》山を中心として南北に細長い形状をしている。集落も北部と南部に分かれて存在している。

２００人にも満たない人口の多くは高齢者だ。また、島では飼い猫ばかりか野良猫の姿をよく見かけ、「猫のパラダイス」としてテレビ番組で紹介されたこともあるのどかで静かな島でもある。

ところで、この「さなぎ」という島名の由来は古く室町時代にさかのぼる。室町幕府の第3代将軍である足利義満は船に乗って厳島神社への参詣をめざす途中で強風に遭遇してしまう。ところが、この島に避難すると不思議と風が和らいで無事に旅を続けることができたというのだ。そこでこの島を「早凪島《はやなぎ》」と呼んだのが時代を経て変化していったのである。

さて、この佐柳島には前述のように北に長崎地区、南に本浦地区と2つの集落があるが、集落の付近にはそれぞれ2種類の墓地が存在する。

これこそが古くからこの島で続いている**「両墓制」**という独特の風習なのだ。

この2つの墓は異なる役割を持っている。ひとつめの墓は実際に故人を埋めるための墓で**「埋《うず》め墓」**と呼ばれている。それとは別に墓参り用の墓をふたつめの墓として建てて、それは**「参り墓」**と呼ばれている。そして、集落に近い場所に参り墓、離れた場所に埋め墓をつくったり、ふたつの墓を並べて墓地をつくったりする。

このような両墓制は、かつては近畿地方を中心に全国で行われていたものだった。なぜ1人の死者に対して2つの墓をつくったのかというと、遺体の埋葬方法としてかつては土葬が一般的だったことに起因すると考えられている。

つまり、死んだ肉体への恐れや遺体が放つ腐敗臭への配慮から、集落から離れたところに遺体を埋め、実際に墓参りをするためにそれとは別に墓をつくったのである。

ちなみに、佐柳島北部の長崎地区の埋め墓は香川県の有形民俗文化財にも指定されている。海岸につくられた墓地は全国的にも珍しいものだという。

鳥居の向こうに見える佐柳島（写真提供：太田昭生）

また、この島の出身で１８６０（万延元）年に勝海舟や福沢諭吉とともに咸臨丸で太平洋を横断した佐柳高次と平田富蔵という人物がいる。

２人は水夫として咸臨丸に乗りこみ、アメリカ上陸という快挙を果たして歴史に名を残しているのだ。

残念ながら平田富蔵は病に倒れサンフランシスコで亡くなっているが、佐柳高次はその遺品を胸に無事に帰国し、その後は勝海舟の尽力で坂本龍馬と出会っている。そして海援隊の一員となって、龍馬の片腕として活躍することになるのだ。

そして、やはり２人の参り墓が南部の本浦地区にある乗蓮寺に残されているのである。

どこにも墓がない島

山口県
笠佐島

面積：0.94km^2
周囲：4.1km
人口：十数人

山口県の方言に「かんまん」というものがある。その響きも似通っているように「かまわない」という言葉からきた方言で、小さなことは気にしない、「かんまん、かんまん」といった具合である。

この方言に代表されるように、この地方に暮らす人々の気質はどちらかといえば堅苦しくない、おおらかなものだといわれている。そんなおおらかさが、この地方のある島にいまも残る不思議な風習をつくったといえるのかもしれないのだ。

山口県柳井市から瀬戸内海に延びる大島大橋を渡ると、瀬戸内海の温暖な気候に恵まれた「瀬戸内のハワイ」といわれる周防《すおう》大島にたどり着く。この島の周りには周防大島諸島

笠佐島（写真提供：『おきなわの離島 島の散歩』山岡成俊）

と呼ばれる小島がいくつか点在しているが、どの島も人口は数十人、多くても３００人にも満たないという小さな島だ。そのなかでももっとも人口の少ない島が笠佐島《かさ　さ》である。

笠佐島は周防大島の西へ約２キロメートルの青く澄んだ海に浮かぶ島で、周防大島の小松港から１日に３便出ている定期船を利用して行くことができる。〝かささ〟という名前は、瀬戸内の海で命を落とした悲劇の美女・般若姫に島民が笠をささげたことから「笠捧げ島」と呼ばれたことがきっかけになったと伝えられている。

地元の名産品でもあるみかん畑が広がるこの笠佐島は、緑の豊かな山があるために水の豊富な島で、離島としては珍しいことに稲作も行われている。とはいってもとりたてて大きな観光スポットがあるわけでもなく、美しいビーチと手つかずの自然に囲まれて地元の人々のおだやかな時間が流れている。

ところが、そんな島民の暮らしには他の地域の暮らしにはあるはずの〝あるもの〟が存在しないのだ。それは実際に島の集落を歩くと気がつくかもしれない。じつはこの笠佐島には**墓がひとつも存在していない**のである。

島を巨大な台風が襲い、墓地がひとつ残らず破壊されてしまったというわけではない。そもそも寺のひとつすらもないこの笠佐島では**故人を墓に葬っていない**のである。

島では死者が出ると火葬場で火葬にする。ここまではどの地方でも行われていることだ。ところが、この火葬場とは畑にほど近い屋根もない屋外の広場なのだ。さらに火葬して骨になった遺体はそのまま野ざらしにしておくのが慣例なのである。

唯一の供養といえば、そこからわずかに骨のひとかけをつまむと京都にある大谷本廟に納骨するだけなのだ。そして次に誰かが亡くなるとまたその場所で同じように火葬される。これが繰り返されてきたのである。もちろん島には墓がないのだから、お盆やお彼岸に先祖の墓参りをするといった習慣もない。

それでは笠佐島の人々は無宗教なのだろうかと思ってしまうが、実際はまったくそんなことはない。むしろ熱心な浄土真宗の信者なのだ。そもそも遺骨の一部を納める京都の大

笠佐島の風景。どこにも墓を見つけることはできない。（写真提供:『おきなわの離島 島の散歩』山岡成俊）

谷本廟も浄土真宗の墓地である。

　これは阿弥陀如来に一心に帰依《きえ》し、それ以外の神仏はもちろん儀礼や風習を気にしない浄土真宗の教えの現れと考えられる。そこで、墓や葬式などは存在し得ないというわけだ。

　このような風習から、いつからか周防大島とその周辺の地域では浄土真宗の信者は「かんまん宗」と呼ばれるようになった。

　ただ「かまわない、何でもいいよ」という表面上だけの意味ではない。豊かな自然の中での生活と熱心な信仰があるからこその〃かんまん〃な振る舞いには、言葉の響きとは相反する代々大切にされてきた島の人々の深い思いが秘められているのだ。

シュメールと古代日本の接点を示唆する島

山口県 彦島	面積：9.8km^2 周囲：不明 人口：約3.1万人

かなり拡大した地図で見なければわからないのだが、本州の最西端に位置する山口県下関市のさらに西の端には小さな島が本州にくっつくように存在している。本州と九州の間、関門海峡にある彦島だ。

造船、製鉄や重化学工業などで栄えたこの島は、日本海側の海岸が本州と面がそろうように埋め立てられており、海岸部が限りなく下関本土に近づいている。そのため、一見したところ島に見えないのだが、かつては**海上交通の要衝**として、あるいは国の砦の島としてさまざまな古文書にその名を登場させてきた。

とくに有名なのは源平合戦の「壇ノ浦の戦い」で、平家の最後の砦となったのがこの彦

彦島ペトログラフの表面。現在では文字らしきものはかなり薄くなってしまっている。（写真提供：『おきなわの離島 島の散歩』山岡成俊）

島だった。

瀬戸内海の制海権を握っていた平家は、この島を要地としており、壇ノ浦の戦いでは本陣を置いて出撃した。

それだけではない。奈良時代に書かれた『日本書紀』や鎌倉時代の歴史書である『吾妻鏡』にもその名前が登場する、歴史の深い島なのである。


だが、もしかすると彦島の存在は、日本書紀が記された8世紀以前よりさらにさかのぼる重要な歴史を伝えるものではないかといわれている。

なぜなら、壇ノ浦から関門海峡、そして響灘までを広く見渡せる杉田丘陵という場所から、古代シュメールの遺跡から発掘されたものに酷似した**ペトログラフ**（古代岩刻文字）**のような文様**が刻まれた石が発見されたからだ。

杉田丘陵は地元の人々から〝恐れの杜〟と呼ばれており、その頂上にはこっそりと願い事をすると叶うといわれている巨石があった。

地元の人々には馴染み深かったその巨石でペトログラフが発見されたのは、1923（大正12）年のことだ。丘の頂上に数個あった1メートル角大の巨石の中に岩の表面を削って文様が描かれていることがわかったのだ。だが、当初はこの文様の重要性が理解されず、とりあえず古墳の一部として処理されている。

しかし、その後、地元の郷土史家が地元新聞に驚きの見解を発表して世間を騒がせた。この文様が、平家が隠した財宝のありかを示す絵文字だというのだ。

そこで、日本言語学会の吉田信啓氏が解読に乗り出し、それによってこの文様がシュメール系の象形文字やバビロニア文字に酷似していると発表され、〝彦島のペトログラフ〟として一躍脚光を浴びることになったのだ。

そして、岩に刻まれているのは、どうやら太陽神や地母神への祈りの言葉ではないかということが解明された。そこで、杉田丘陵はかつてシュメール文字を使う者の神殿だったのではないかと推測されたのだが、ほかに出土品はなく、時代の確定には至っていない。

ところが、ペトログラフが刻まれた巨石はこれだけではなかったのだ。

杉田丘陵を下ったところに三菱重工の下関造船所があるのだが、その敷地を造成する際にも次々と10個のペトログラフ岩が検出されている。

また、杉田丘陵と造船所の近くには、これも謎の多い小高い山がある。

この山に正式名称はなく地元では「弟《で》子《し》待《まつ》山」と呼ばれているのだが、別名を「彦島ピラミッド」という。

この彦島ピラミッドの頂上にも重さ４～50トンほどもある巨大な石があり、さらに周辺の雑木林にも巨石が点在していることから、この山はかつて信仰の対象だったと考えられるというのだ。つまり、弟子待山が本殿で、杉山丘陵は拝殿ではなかったかと考えられているのだ。

いずれにせよ、この彦島の巨石の発見は日本のペトログラフ研究の原点となった。彦島を皮切りに、日本全国で約４０００個以上のペトログラフ岩が発見され、日本の古代文明への尽きせぬ興味を駆り立てている。

何百種もの野鳥が飛び交う島

山形県 飛島	面積：2.7km² 周囲：12.0km 人口：約300人

山形県の北部、酒田港から1日1便の定期船に90分ほど乗るとやがて緑に覆われた小さな島が見えてくる。山形県唯一の離島である飛島だ。周囲約12キロメートルとゆっくり歩いても3時間かからずに一回りできてしまうという小さな島である。

島の由来は一説によると、山形県と秋田県にまたがる出羽富士こと鳥海山《ちょうかいさん》が噴火をした際にその頂上が勢い余って吹き飛んできて、日本海に落ちてそのまま島になったといわれている。

そのせいもあってか不思議と〝飛ぶ〟ものに縁がある島なのだ。

人口300名ほどの静かなこの島は、釣りやダイビングなどのマリンスポーツで訪れる

飛島の岩壁にたむろする鳥たち（写真提供：新谷亮太）

観光客ばかりか、ある〝目的〟のために島を訪れる人で春と秋のシーズンには大賑わいとなる。

じつはこの飛島こそ、多くの珍鳥たちを見ることができる野鳥の楽園なのだ。バードウォッチングを楽しむ人なら一度は訪れてみたいという**バードウォッチャーの〝聖地〟**なのである。

生息している野鳥の数は約２７０種にものぼり、ひとつの場所で見ることができる鳥の種類としては日本一とされているのだ。

旅行会社は飛島をめざすバードウォッチングのツアーを組んで多くの観光客を集めているが、胸を躍らせて島にやってきた人々は、とにかく目の前にいる鳥の多さに圧倒される。道を歩いているだけで青や黄色、オレンジといった色鮮やかな珍しい野鳥に出会うことができるのだ。

たとえば、絶滅危惧種である天然記念物のカラスバトもこの島で見られるというから、全国からバードウォッチャーが集まってくるのもうなずける。

また、国の天然記念物に指定されている**ウミネコの繁殖地**としても有名で、5～6月の繁殖期には、じつに2万羽ものウミネコが飛島周辺に集まってくる。その様子といったら、まるで島ごとウミネコに占領されたかのようである。

そんな飛島では、木々は1年を通して緑の葉をつけている。そればかりか暖かい地方にあるはずの植物や色とりどりの花も数多く見ることができる。

これは島の周囲を暖流である対馬海流が流れているためで、豪雪地帯の山形にあって平均気温が高いのだ。

多くの鳥たちがこの島に集まり、とくに渡り鳥たちがこの島を中継地として長旅に疲れた羽根を休めていくのもこの気候によるものである。

ところで、この飛島には「テキ穴」と呼ばれる全長50メートルほどの不可解な横穴が存在する。

いまでこそ電灯が取りつけられているものの中は真夏でもヒンヤリと涼しく、岩壁や天

飛島に集まるウミネコ（写真提供：新谷亮太）

井からは水がしたたり落ちるうす暗い洞窟なのだ。海岸に面した洞窟で、かつては〝龍の住む穴〟として地元の人は近づかない場所だったという。

ところが、このテキ穴から大量の人骨や土器が発見され、警察がかけつけるなど騒ぎになったことがある。

その後の調査で平安時代の頃の遺物だと判明したが、その死因や、この場所が住居だったのか埋葬場所だったのかなど詳細はわかっておらず、いまでも謎の多い洞窟として紹介されている。

１０００年以上前にこの飛島で暮らしていた人々も、色とりどりの鳥をもの珍しく眺めていたのだろうか。

埋蔵金伝説を生んだ瀬戸内海の島々

瀬戸内海	島数：727（外周0.1Km以上） 人口：約3万人

徳川埋蔵金や武田信玄の埋蔵金、はたまた最近では霞ヶ関の埋蔵金が話題になっているが、この話はいまをさかのぼること約200年前のことである。

現在の広島県と愛媛県に挟まれた瀬戸内海の芸予《げいよ》諸島で西国諸藩の御用船「竜王丸」が沈没した。

御用船というだけあってその積荷は財宝の山で、**「船内に積まれていたのは小判5000両と地金が4万5000両……」**と書き記した古文書が、1879（明治12）年になって堺の旧家から発見されたのだ。

竜王丸が沈没した1818（文政元）年頃の瀬戸内海は、西国と畿内をつなぐ海路とし

中世の因島には海賊城が散在していたという。この写真は 1936 年のもの。
（写真提供：毎日新聞社）

ての黄金期を迎えていた。おそらく行き交う船の数もかなり多かったにちがいない。竜王丸沈没についての記録は複数見つかっているという。

となると、瀬戸内海に財宝が沈んでいるというのはかなり信憑性の高い話である。もちろん、当時、この黄金の財宝を狙った人物がいた。海猫小多八という海賊のひとりだ。

日本では、豊臣秀吉によって1588（天正16）年に「海賊禁止令」が発布されたが、瀬戸内海には江戸時代になっても海賊が横行していた。

小多八も表向きは素潜りの漁師として暮らしていたが、その実は海賊として海を行き交う船を襲っていたのである。

竜王丸が沈んだのは、伯方島《はかたじま》と因島《いんのしま》の間辺りとされており、比較的浅瀬だったため帆柱の先が海面から出ていた。

そこで、船主は積荷を回収しようと素潜り名人である小多八に申し出たのだが、なぜか小多八はこれを断る。ほかの漁師たちも、小多八がやらない仕事なら引き受けることはないと、積荷の回収に手を貸すものはなかった。

しかし、海賊ともあろうものが、なぜ御用船の積荷の回収を断ったのだろうか。堂々と回収して、その場で頂戴すれば一石二鳥というものだろう。

だが、このとき、小多八が船主の依頼を断った理由はほかでもない、竜王丸は小多八自身が手下を使って船底に穴をあけて沈没させたという説があるのだ。つまり、船主が積荷の回収を依頼したときには、財宝はすでに引き上げられていた可能性もある。

しかし、財宝をめぐって小多八と手下との間に争いがあり、財宝はすでに分けられていていくつかの場所に埋められたという。

その後、珍しい刻印が打たれた小判が淡路島で見つかり、この小判の出所が小多八だとわかると役人は捜索を始める。それを知った小多八は自ら命を絶ち、口を封じてしまったのだ。

小多八の死後、淡路島の自宅を探索した人物がいた。淡路島に住んでいた漁師で、この漁師は偶然、瀕死の状態にあった小多八の手下の子孫を名乗る男から竜王丸の財宝の話を聞いたのだ。

漁師が小多八の自宅で見つけたのは、小判が１００枚と金の延べ棒20本、そしてなにやら**海岸を描いた地図らしきもの**だったという。

それを宝の地図だと思った漁師は、無人島を捜索したが成果はなかった。以来、漁師の子孫はいまだに埋蔵金を探し続けているという。

はたして、小多八の残した地図は本当に埋蔵金のありかを示していたのだろうか。１８９３（明治26）年には佐木島付近の海底から小判３枚と延べ棒４本、さらに１９１０（明治43）年にも因島付近の海底から小判18枚が発見されている。

竜王丸が落とした財宝は、瀬戸内海のどこかの島に埋められているのか、それとも海に沈んだままなのか。大量の黄金は、いまでも人目につかない場所でその輝きを放っているのかもしれない。

神秘の七不思議が伝わる島

大分県 姫島	面積：6.79km² 周囲：13.7km 人口：約 2200人

大分県の北東部、周防灘《すおうなだ》に丸く突き出した国東《くにさき》半島からフェリーで20分ほど行くと、東西約7キロメートルと細長い姫島が姿を現す。

この離島に、数百年の時を経ていまも語り継がれている7つのミステリー「姫島の七不思議」が存在するのだ。

ここは、イザナギノミコトとイザナミノミコトが**「国生み神話」**で生んだ島だと伝えられている。古事記によると2人の神はまず8つの大島を生んだあと、続けて小島を6つ生むが、4番目に生まれた「女島《ひめじま》」こそがこの姫島であるといわれているのだ。

そのためか島内には古代からの伝承が多く、それらは「姫島の七不思議」として語り継

姫島を代表する風景（写真提供：日本の車窓・雨男の紀行文）

がれている。

そのひとつが、「浮洲」と呼ばれる島の沖合にある小さな洲だ。洲とは海や川によって切り離されて島状になっている土地のことだ。

島ではこの洲に鳥居を建てて、漁業の神様である高倍様を祀っている。ところが、沖合にあるにもかかわらずこの洲は、どんな高潮や大しけのときでもまるで海に浮いているかのようにけっして海水につかることがないというのだ。

また、海につからないものといえば「阿弥陀牡蠣《かき》」がある。この牡蠣は姫島で古くから獲れるものだが、海水につかることなく岩壁に群棲しているのだ。

さらにその形はなんの偶然か阿弥陀三尊

の形に似ているというのだ。そのためにありがたがって口にする人もいたというが、たちまち腹痛を起こしてしまうという厄介な牡蠣なのである。

姫島の西の観音崎には**「千人堂」**がある。断崖に建つこのお堂は、その昔、大晦日の夜に情け容赦ない借金取りが表れ、ここに千人の人々をかくまったことからこのように呼ばれている。わずか2坪ほどのお堂にどのようにしてかくまったのかはわからないが、大晦日の夜にここにお参りすると借金取りから逃れられるというのだ。

さらに、島の東のはずれに行くと田んぼが揺れるという「浮田」がある。ここは大昔、大蛇が棲む池だったところなのだが、田んぼにする際に誤ってこの大蛇もろとも埋めてしまった。以来、大蛇の怒りで地面が揺れるといわれているのだ。

そして、残り3つの不思議は姫にまつわるものだ。そのうちの2つは比売語曽《ひめこそ》神《しゃ》社を祀る神社のすぐそばにある。

そのひとつが別名「お歯黒石」とも呼ばれる「かねつけ石」だ。石の表面を見ると、きれいな丸いへこみと、その下にも細長いへこみができている。これは、姫がお歯黒にするときに使った場所で、染料を入れたお猪口と筆を置いた部分が跡になって残っているといわれている。

さらに、そのすぐそばには「拍子水」という湧き水がある。これは、お歯黒をつけ終

千人堂（写真提供：日本の車窓・雨男の紀行文）

わった姫が口をすすごうとしたところ水がなかったため、手拍子を打って祈った。そのときに湧き出した水が、いまもこんこんと湧き続けているという。

そして何とも不思議な「逆柳」も見ものである。ふつう柳というと枝が垂れ、しなやかに風になびいているものだが、逆柳はふつうの樹木のように枝が天を仰いでいる。

これは姫が使った柳の楊枝を逆さに挿したところ、芽が出て成長したからだといわれているのだ。

とにかく、姫島には不思議なスポットが点在している。実際に訪れてみる価値のある島であることは確かなようだ。

工事なかばで放置された建物が残る島

沖縄県 瀬底島	面積：2.99㎢ 周囲：7.3km 人口：約800人

沖縄本島の西方沖に浮かぶ瀬底島《せそこじま》は、白い砂浜が広がる天然のビーチと、青い海に囲まれた周囲約8キロメートルという小さな離島である。人気の観光スポット「沖縄美ら海水族館」がある本部半島と瀬底大橋でつながっていることもあって、沖縄本島から気軽に行くことができる離島としてガイドブックでもよく紹介されている。

ところが、そんな大自然とは不釣り合いともいえる**巨大な無人のホテル**がこの島には残されているのだ。

2006（平成18）年に瀬底ビーチ近くにあった34万平方メートルのゴルフ場の跡地で超高級リゾート開発が始まった。完成すれば、豪華ホテルやコンドミニアムが建ち、ハイ

瀬底島に残る建設途中の建物

クラスなリゾート地が誕生するはずだった。

しかし、この開発を進めてきた東京の不動産開発会社の資金繰りが悪化し、莫大な借金を抱えて経営破産してしまった。

当然、リゾート開発はストップされ、150人の従業員も全員解雇された。ところが、すでに建物の約半分は完成してしまっていて、瀬底島一といわれるビーチが一望できる一等地にコンクリートがむき出しのままの建物が放置され、**廃墟と化してしまっている**のだ。

ちなみに、そのホテルのホームページはいまも見ることができる。レストラン、スパなど施設の説明が華々しく書かれているが、肝心の営業開始予定は「未定」となっているのだ。

第4章 めずらしい神々が住む島

異形の神「ボゼ」が現れる島

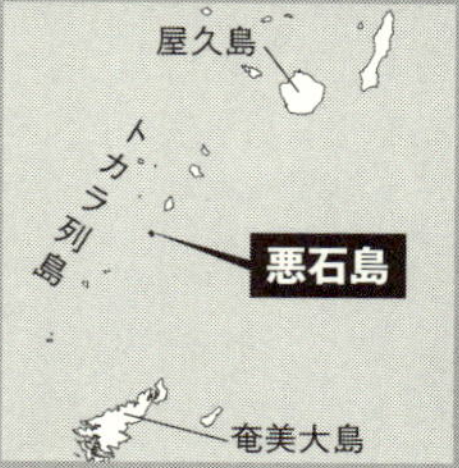

鹿児島県 悪石島	面積：7.49km²
	周囲：12.64km
	人口：約80人

それまではそれほど有名ではなかったのに、２００９（平成21）年になって一気に知名度を上げた島がある。鹿児島県トカラ列島にある悪石《あくせき》島だ。

２００９年の７月に日食が起こるというので話題になったが、この島は世界でもっとも長く皆既日食が観測できる場所に位置していたのだ。

そのために、人口１００人弱の島に５００人近い観測者が上陸した。鹿児島から週に２便だけ運行するフェリーで約11時間もかかるこの島に人があふれかえり、ニュースでも頻繁に話題になったほどだ。

この悪石島という奇妙な島名は、海に向かって石が転がり落ちることがあるからとする

仮面神「ボゼ」（写真提供：時事通信）

説もあるが、実際この島は周囲を断崖絶壁に囲まれているのが特徴である。

面積７・４９平方キロメートル、周囲１２・６４キロメートルという小さな島だが、釣り場や海中温泉もあり、宿泊施設も整っている。

しかし、それだけではない。悪石島にはもうひとつ、民俗学的に大変興味深いものがある。それは、**ボゼとよばれる神**の存在である。

ボゼは旧盆の最後7月16日に登場する仮面神で、人が扮したボゼが全部で3体現れる。

この島の盆踊りは男たちが各家を回って踊るのが特徴だ。

その踊りがひと通り終わった後で太鼓の音の合図が響きわたると、誰かが叫ぶ。

「ボゼが出っど！」

その声とともに現れるのがボゼ神だ。

仮面はまるで**爬虫《はちゅう》のような形相**をしている。大きな耳、赤い目と長い鼻、そしてカッと開いた口が無気味さをかもし出す。しかも、全身を覆っているビロウという植物の葉が異様さをますます強調している。そのうえこのボゼ神は、ボゼマラという棒を手にし、それを振り回しながら人々を追いかけるのだ。

あまりにも異様な風体に、幼い子供などは本気で泣き出すことも珍しくない。といっても、もちろん悪さをしているわけではない。ボゼマラの先端につけたアカシュとよばれる赤い土を人々の体にくっつけるのである。

ボゼマラは男性器の象徴であり、とくに女性や子供が追い回される。赤土をつけられた女性は子宝に恵まれ、子供は健康に育つともいわれる。いずれにしても、その異様な姿とは裏腹に、**島民にとってありがたい神**なのである。

ボゼ神はもともと大きな力を持った存在とされている。そして、悪霊が漂っている盆の時期に人々を新しい世界へと導くというのがその役割である。島の人々にとっては、ケガレを払ってくれる来訪者なのだ。

島民には歓迎されるボゼ神だが、じつはその由来はよくわかっていない。いつ頃から行われている祭りなのかも記録に残されていない。

ボゼ神の姿は、パプアニューギニア中部に伝わっている祭りに出てくる神の姿にも似ていることから、そのあたりに起源を求める説もある。確かに、その風貌は南方系であることを思わせるが、確証はない。

また、この特徴的な神が悪石島という小さな島だけに伝えられているというのも、考えてみれば不思議な話である。

じつは、このボゼ神の風習を最初に見出して広く世界に紹介したのは、外国の研究者だった。逆にいえば、国内でもほとんど知られていなかった存在だということになる。それだけに、その起源や歴史、そしてボゼの持つ本当の意味についてなど、まだ研究途上にあるものだといえる。

ちなみに、この神秘的な祭りを見に行くというツアーもあるようだ。地元の人たちだけでなく、観光客も一緒になってボゼ神に土をつけてもらうことができるという。

しかしいずれにしても、この摩訶不思議な異形の神は、この島に希望に満ちた未来をもたらしていることは確かである。

人に泥を塗って幸せにする神「パーントゥ」

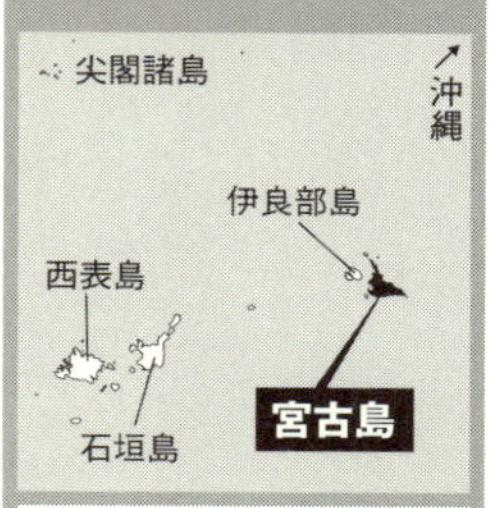

沖縄県 宮古島	面積：159.05km² 周囲：131.2km 人口：約4.6万人

太平洋と東シナ海の間にあり、先島《さきしま》諸島の一部となっているのが宮古島だ。大小8つの島がある宮古諸島の中心にあたる島で、島全体が平坦な台地状になっている。琉球列島の中で唯一ハブがいない島としても知られる。

沖縄本島から南西約300キロメートルにあるこの島へ渡るには、船か飛行機を利用する。飛行機なら那覇から45分、船で7～10時間ほどかかるが、美しい海岸線やサンゴ礁などの自然に恵まれ、有名なシュノーケリング・ポイントもあるので観光客は多い。

沖縄からやや離れていることから、この島の文化はいわゆる琉球文化とは異質だ。もちろん大和（日本本土）の文化とも異なる。宮古島には宮古島独特の文化があるといわれて

パーントゥ神（写真提供：時事通信）

いる。

なかでも、不思議な祭りとして知られているのが、**「パーントゥ」**である。

宮古島の中心街から、車で北へ約20分ほど走ると島尻という集落がある。太平洋を望む海岸沿いに家々が連なるのどかな集落だ。パーントゥは、この島尻集落で10月に行われる奇妙な祭りだ。

異様な形、無気味な表情をしたパーントゥの面をつけ、**泥だらけの蔓草を体にまとわりつかせた3人の青年**が、集落の中をめぐり歩きながら、見ている人々や家などに泥を塗りつける。とくに、産まれたばかりの赤ん坊には間違いなく泥が塗られるし、新築した家にもその壁や床、あるいは家主の顔にまで泥が塗られる。

泥というのは、**聖なる井戸**の底に沈殿しているもので、ご利益があるといわれながらも実際にはかなり異臭がする。

しかし、思わず逃げそうになりながらも結局は塗りつけられる。もちろん、怒り出す人は誰もいない。子供たちの中には、本気で怖がる者もいるが、大人たちは子供を守らないばかりか、パーントゥに味方して子供たちに泥が塗られるように仕向ける。

なぜなら、泥を塗られることは厄払いであり、無病息災を祈願するものであり、その泥を塗られることがこの祭りのそもそもの目的だからだ。

この奇妙な祭りの起源については、言い伝えがある。

百数十年前の昔、島尻の集落で祭りをしていた日のこと、海岸に異様な形相をした木製の面が流れ着いた。人々は、そのあまりに無気味な面の表情に恐れをなしたが、神に仕える女たちはそれが海の彼方から来た来訪神だといい、村人たちにお告げを与えた。

「神は、わざわざこの祭りの日にパーントゥ神の来訪をしるした。この面こそは、村の豊作と円満の兆しをあらわすもの。この面を大切にして、人々の和を保ちなさい」

そうしてこの祭りが始まったのである。

流れ着いた面はクバという植物の葉で包まれていたという。だからその浜はクバ浜と呼

宮古島・東平安名岬の風景。このような海岸にパーントゥの面が流れ着いたのかもしれない。

ばれ、いまも特別な場所とされている。

いまでこそ観光客も一緒になって逃げ惑ったり、マスコミで紹介されることもあるが、しかし島尻の人々にとってパーントゥが厳粛で重要な島の儀式であることは変わらない。だから、祭りの日程や使用される道具などについては、古くからのしきたりがいまもかたくなに守られている。

また、若者がパーントゥの扮装を身に付けて変身するところや、神に仕える女たちが祈願する場面は、集落に住む人々だけが目にすることのできる貴重な場面であり、**部外者が目にすることは許されない**。

逆にいえば、そうすることによって、集落の人々の和と結束が守られているのである。

シャーマンと共生する人々の島

東京都	面積：5.97㎢
青ヶ島	周囲：9.4km
	人口：約200人

東京から南へ約３６５キロ、黒潮の流れる海に浮かぶのが青ヶ島だ。島の周囲は約９キロで、人口は２００人ほどの小さな島である。伊豆諸島の中では最南端にあり、八丈島からは67キロも離れているという、まさに絶海の孤島だ。

島は内輪山と外輪山を持つ二重式カルデラ火山から成っていて、中西部の大凸部《おおとんぶ》からはカルデラ地形を眺め渡すことができる。近年は大物狙いの釣り師らにも人気の島だ。

青ヶ島を訪れるためにはいったん八丈島まで行き、そこから定期船かヘリで渡ることになる。定期船は週に6便、ヘリは１日１便運行しており、船でも2時間半、ヘリならたった20分で着いてしまう。

しかし、これはあくまでも運行予定にすぎず、天候しだいでは何日も欠航が続くことが珍しくない。東京都ではあるものの、そう簡単にたどり着ける場所ではないのだ。

このようにほかの地域から隔絶された青ヶ島には、独特の文化が発展した。**ミコと呼ばれるシャーマンのような存在**もそのひとつだ。ミコは神の声を聞き、それによって人々を導く役割を担ってきた。

これは歴史上の話ではない。ミコは21世紀の現代にも脈々と受け継がれているのである。

面をつけたミコ（写真提供：毎日新聞社）

ミコというと、神社に仕える若い女性を思い浮かべるかもしれない。だが、青ヶ島のミコは**中高年以上の高齢の女性**だ。

というのも、ミコケ、カミケといわれるミコになる予兆は通常、閉経後の女性に現れるからである。

ミコケがあっても、カミソーゼという神から啓示を受ける儀式を受けなければミコにはなれない。これは一種の資格試験のようなものだ。儀式の祭文や踊りが最高潮に達したころ、ミコケの女性の全身にはけいれんが走り、神と一体化するのだという。

正式にミコとなった女性は、神のひとつを自分の守護神として定め、島の鎮守である**大里神社**に祀る。

神のひとつという言い方は奇妙な気がするかもしれないが、青ヶ島には実に多くの神が共存しているのである。樹木に宿るキダマサマ、鍛冶屋の守り神カナヤマサマ、峠の神トーゲサマなど、さまざまなものに神が宿っているとされているのだ。

神社のご神体といえば、ふつうはひとりの神様を祀ってあるものだが、大里神社にはなんと26もの神々が祀られているという。

これほど多くの神々を信仰するという背景には、青ヶ島の厳しい環境も少なからず影響しているだろう。

たとえば、1785(天明5)年の大噴火では島民の3分の1が犠牲になり、半世紀も無人島になったことがある。

かつては悪天候に阻まれて、何ヶ月も船が通わないこともあった。島には医者もおらず、

青ヶ島の鎮守・大里神社には26の神が祀られている。(写真提供：佐々木武住)

病人の治療もままならなかった。そんな状況の中では、人々は神に祈るしかなかったのではないだろうか。

この島の人々にとって、神の声を聞くことができるミコは重要な存在だった。

祭祀に携わるのはもちろん、祈り、占い、穢《けが》れを払う儀式を執り行い、ときには重要な決定事項にも示唆を与えたと伝えられている。

ミコは島人の心の支えになってきたが、それはいまもなお変わっていない。人々はミコの言葉を神託のように重要視するのだ。

青ヶ島は、現代でも神と人間が共生する神秘の島なのである。

神の名は「ミルク」

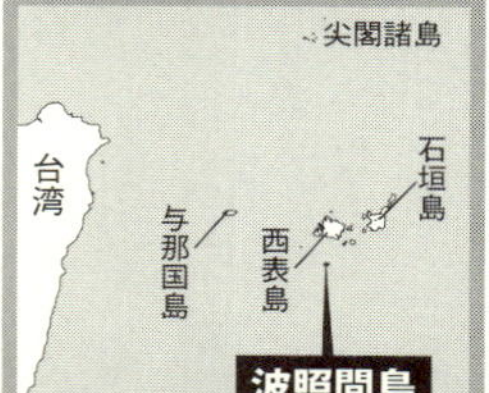

沖縄県	面積：12.77km²
波照間島	周囲：14.8km
	人口：約600人

日本最南端の有人島、それが波照間《はてるま》島だ。石垣島の南西63キロメートルに位置し、八重山諸島のひとつである。約13平方キロメートルの面積に約６００人が住み、サトウキビ栽培やそれを原料にした精糖業がおもな産業である。

１９０８（明治41）年には八重山郡八重山村となったが、１９４６（昭和21）年にはアメリカの統治下に置かれ、日本に返還されたのは１９７２（昭和47）年だ。

石垣島の離島桟橋から高速船で１時間、フェリーなら２時間かけて渡る。便数も多く、観光客も多い。また、平坦な土地が多い波照間島は、空気が澄んでいるうえに街明かりもほとんどなく、気流の流れのうえでも天体観測に適した場所でもある。赤道に近いために、

上空から見る波照間島

北極星はもちろん、なんと**南十字星までも観測できる**のだ。そのために直径200ミリメートルの望遠鏡が設置されたタワーがあって、観光客の人気スポットのひとつになっている。

その一方で、昔、重税に苦しんだ島民が島から逃げ出したという言い伝えが残っている。八重山諸島の過去の出来事を記した『八重山島年来記』に、1648（慶安元）年に波照間島平田村の農民4、50人が、人頭税から逃れるために税金取り立てにきた役人の船を奪い、南波照間島を目指して脱出したという記録が残されているのだ。

ただし、この話の真偽はわからない。というのも、南波照間島という島はいまも昔も存在しないからだ。そのために、この話は重税に苦しむ島民が生み出した救済の夢物語ではないかとも考えられている。

実際、この島が琉球王国の支配下にあった1637（寛永14）年から1903（明治36）年の間、かなり重い税金がかけられていた。もしかしたら南波照間島は実在するほかの島を指している言葉であり、本当にそのような逃亡劇があったのかもしれない。

さらには、琉球列島に伝わるニライカナイ伝説、つまり「彼岸」「理想郷」のひとつを物語った言い伝えだとする説もある。

そんな波照間島に、とある独特の神がいる。**ミルク神**だ。

この島では、旧盆の中日になると**「ムシャーマ」**という盛大な祭りが行われる。島全体が3つの部分に分かれ、島の中央の広場に向かって人々が仮装行列で練り歩く。

この行列の先頭に立っているのがミルク神である。奇妙な顔の白い仮面をかぶり、黄色い衣装をまとって、ゆったりと優雅に動いている。まわりには子供たちが従っているが、それはミルク神の子供だとされている。

じつはミルク神は女性であり、行列の近くでやや道化じみた動きをしてミルク神の気を引こうとするブーブザが、ミルク神の夫だ。

ミルクとは弥勒のことであり、五穀豊穣に感謝し、次の夏の豊作を祈願するための豊年祭がこのムシャーマの意味だ。この祭全体がかもし出す、どこかユーモラスな雰囲気も豊

波照間島のムシャーマの光景。主役の神・ミルクの顔は笑っているようにも見える。（写真提供 :PANA）

作を祝う人々の喜びがあればこそなのである。

ただし、ミルク＝弥勒菩薩であるといっても、ミルクの仮面は弥勒像とはかなり違う。**いわゆる「布袋《ほてい》」に似ている**のだ。

これは、この地方のミロクというものが日本で栄えた仏教ではなく、布袋和尚を弥勒菩薩の化身と考える中国大陸南部のミロク信仰にルーツを持つためであると考えられている。それがまた、この祭りとミルク神に漂う牧歌的な雰囲気につながっているのだ。

いずれにしても、自然の豊かな恵みを喜び、「彼岸」にいる神に感謝を捧げるミルク神は、南の島の豊かな自然から生まれたおおらかな信仰なのである。

神様が新年を運んでくる島

鹿児島県 甑島	面積：計118.67km² 人口：計約6800人

離島は、場合によっては閉鎖的な社会になる場合もある。しかしそれだけに、子供が生まれれば、その子は島の将来にとってかけがえのない存在となる。島ぐるみで子供を大切にし、その子供の将来を祈る祭りが生まれることもあるのだ。

甑《こしき》島の**トシドン様**も、そういった祭りとしていまも大切にされている。

甑島といえば、東シナ海の甑島列島を指す。鹿児島県薩摩川内《さつませんだい》市に属し、上甑島、中甑島、下甑島の3つの島と、いくつかの小さな島々からなる。いちばん大きな下甑島は約67平方キロメートル、最小の中甑島は約7平方キロメートルしかない。

島へ渡るには、鹿児島県串木野からのフェリーと高速船を使うことになる。海水浴や釣

人家にあがりこむトシドン（写真提供：薩摩川内市教育委員会）

り人のためのスポットもあり、観光名所としても知られる島だ。

そしてもうひとつ、この島を語るうえで忘れてはならないのがトシドン様だ。

大晦日の夜、この島には奇妙な神がさまよう。それが、藁で作った蓑や黒いマントなどで体を覆い、鼻だけがやけに長い仮面をかぶったトシドン様である。

本当のトシドン様は、天に住み、大晦日の夜だけ地上に下りてきて、首のない馬に乗って家々を回るとされている。

そのトシドン様に扮した人々は、先導役である中学生に導かれながら、「ダーダー」という声をあげて歩く。

そして、子供がいる家の窓や壁をドンドン叩くと「兄弟ゲンカはするな」「親孝行しろ」「友達をいじめるな」などと説教や小言を言う。叱るだけではない、いいことをした子供ならそのいいことを誉めてやる。

これらは、けっしてどこの家でも同じ決まり文句を繰り返すのではない。その家の親が、あらかじめトシドン様に扮する人に、「うちの子の、こういうところを叱ってほしい」「ここは直してほしい」、あるいは「ここは誉めてやってほしい」という情報を伝えておく。だからトシドン様は家ごとに別の言葉をかけるのだ。

また、場合によっては家に上がりこんで、**子供と向き合って語りかけるトシドン様もいる**。もちろん、いいところを誉め、悪いところはいましめるのである。

言われたほうの子供にしてみれば、奇妙な姿のトシドン様があまりにもみごとに自分のことを口にするので、トシドン様の偉大さをすっかり信じ込んでしまう。そして、次の年には叱られたところをあらため、誉められたところは繰り返そうと真剣に思うわけだ。

子供はトシドン様に「来年もいい子でいます」と約束をする。するとトシドン様は袋から歳モチを出して子供の背中に乗せる。子供はそれを背中に乗せたまま落とさないように家族のもとへ運ぶ。こうしてトシドン様は去っていくのだ。

その起源については、わかっていない。いつ頃に始まったかも不明だ。トシドン様の風

子供の背にモチを乗せるトシドン（写真提供：薩摩川内市教育委員会）

貌などはポリネシア地方の文化を思わせるが、民俗学的に何か共通点があるのかどうかもわかっていない。

ただ、小さな離島にとって、その島の将来を担う子供はまさに宝である。その子供たちを親だけでなく島ぐるみで大切にし、豊かな成長と幸福を願うのは素朴で自然な気持ちである。

その気持ちが、トシドン様という形になったのではないかともいわれている。もちろん、情操教育も含め、子供のしつけや教育にも役立っている。

とはいえ、甑島もほかの離島の例にもれず、近年、子供が少なくなっている。そのためにトシドン様が行われない年もあるのだ。

神様でもある鬼「砂鬼」

長崎県福江島	
	面積：326.0km^2
	周囲：322.1km
	人口：約4.5万人

長崎県から１００キロメートルあまり西に位置する五島列島の中に、福江島という島がある。

五島の中では西南端に位置し、面積は約３２６平方キロメートルで人口は約４万５千人。日本の離島の中では11番目の大きさである。

長崎港からはフェリーで約３時間30分かかるが、島の南には福江空港もあり、福岡空港や長崎空港から空路で渡ることもできる。

じつは、この島には鬼がいる。普通の鬼ではない、砂鬼と呼ばれる独特のものだ。

福江島の南西部、玉之浦町にある大宝郷という地域には、**「砂打《すなうち》」**という行事が伝えら

砂打の鬼（写真提供：昭 JIJI）

れている。砂鬼は、その「砂打」に登場する鬼だ。サンドーラと呼ばれることもある。といっても、砂鬼は決まった場所に現れるのではない。むしろ、不意打ちといっていいくらいに**神出鬼没**である。

どこからともなく現れる砂鬼は、頭から桟俵《さんだわら》（米俵のフタの部分）をスッポリかぶっている。それが見るからに無気味で恐ろしく見える。そして、集落内で人々を追いかけ回しては相手かまわず砂を投げつけるのだ。

子供の中には、恐怖のあまり泣き出す子も少なくないが、しかし、これはけっして災いではない。逆に、浜の真砂《まさご》を撒くことにより、村に疫病などが入り込まないことを祈り、**除災招福を祈願するもの**なのだ。

12年に1度選ばれる神女たち

沖縄県 久高島	面積：1.37km² 周囲：7.8km 人口：約300人

琉球独特の伝説として知られるニライカナイ。この世ではなく、あの世、どこかにあるはずの理想郷として、ニライカナイはいまもこの地域の人々の生活にいろいろな形で息づいている。

そのニライカナイにもっとも近い島として知られるのが、沖縄県の久高島《くだかじま》だ。

沖縄県の知念岬の東約５・３キロメートルにあり、周囲は約７・８キロメートルとあまり大きくはない。人口は３００人にも満たないが、毎年その１００倍以上もの観光客が訪れる。原生のクバ林をはじめとする独特の動植物が見られるほか、マリンスポーツも盛んでレジャーにはこと欠かない。

1978年に行われたイザイホー（写真提供：時事通信）

しかし、この島が人を引きつける大きな魅力は、この地域で**もっとも神秘的な島**といわれている点だ。昔ながらの伝統や習慣がいまも生きており、それを目にするだけで、ここがニライカナイに一番近い場所とされる理由がよくわかる。

伝説では、琉球の創世神アマミキョが降りてきてこの島をつくり、ここをもとにして国づくりをしたといわれている。なるほど確かに、島全体を覆う静かで美しいたたずまいは「神の島」の名にふさわしい。

そしてもうひとつ、この島を神秘的なものにしている独特の行事がある。それが**「イザイホー」**という儀式だ。

イザイホーは、12年ごとに訪れる午《うま》年の旧暦11月15日からの4日間行われる。**島の**

女性たちが神女になるためのもので、選ばれた神女たちは年間何十もある神事をつかさどることになる重要な儀式である。

このイザイホーに参加する女性は、ナンチュと呼ばれる。ナンチュになれるのは、前回のイザイホーからの12年間に30歳を迎えた女性たちで、厳密には丑年生まれの30歳から寅年生まれの41歳までの女性たちだ。ほかにも、島で生まれたこと、島育ちの男性と結婚していることなどの細かい条件がある。

イザイホーでは、まずナンチュたちは7つの橋を7回渡ることになっている。もしも不義を働いた経験のあるナンチュは、神女にふさわしくない者として途中で橋から落ちるといわれている。

無事に橋を渡りきったナンチュは、家族から離れ、3日3晩を、七つ家と呼ばれる家屋にこもって過ごす。そこで神女になるための儀式を受けるのだ。

最終日に七つ家から出てきたナンチュたちを見ると、身近な人々は大変驚くといわれる。なぜなら、こもっている間に祖母霊という守護霊を授かり、表情や雰囲気が大きく変貌し、まるで別人のようになっているからだ。

こうして神女になった女性たちは、70歳で引退するまでの間、島のすべての祭祀に奉仕することになる。それを考えれば、イザイホーはまさに「神の島」なればこその尊い儀式

イザイホーの主祭場になる聖なる場所（写真提供：サン・グリーン出版）

である。

さらには、島中の人々は、漁がうまくいくかどうか、農作物の収穫はどうかなど仕事のことはもちろん、縁談や病気などの日常的な悩み事や心配事があれば、神女を通して神様にお伺いをたてるのである。

このイザイホーは、500年ほど前に始まったといわれる。正確な記録が残っていないのであくまでも推測だが、しかしそれほどまでに貴重なものなのだ。

ただし、ここ数十年はナムチュの数が減り、1978（昭和53）年を最後にイザイホーは行われていない。しかし、中止になったというわけではなく、条件を満たすナンチュがいればイザイホーはこれからも生き続けるはずである。

菅原道真を救った犬を祀る島

岡山県 犬島	面積：0.54km² 周囲：3.6km 人口：約100人

岡山県南東部の宝伝《ほうでん》から約2・5キロメートルの沖合、船でも約8分ほどしかかからないあたりに犬島がある。犬島本島のほか、犬ノ島、地竹ノ子島、沖竹ノ子島、沖鼓《おきつづみ》島、白石島という全部で6つの島があるが、有人島は、約100人弱の人が暮らす周囲3キロメートルあまりの犬島だけである。

犬島にはかつて精錬所や採石場があり、岡山城や大坂城の石垣のための石が切り出されたり、明治時代に入ってから大阪築港《ちっこう》を作る際の石がここから運び出されることもあった。多いときは数千人が暮らしていた時期もある。いまは、それら精錬所や採石場があった痕跡が、かろうじて過去の繁栄を物語っているだけだ。しかし、訪れる人は現在でも多い。

天満宮（写真提供：『おきなわの離島 島の散歩』山岡成俊）

豊かな自然を利用したキャンプ場や海水浴場はシーズンになると人でにぎわい、またテレビや映画のロケ地として利用されることも多い。

もちろん、精錬所や採石場の跡も重要な観光地であり、１９５０（昭和25）年に発見された大坂城築城時の残石といわれる定紋石も呼び物のひとつである。そしてもうひとつ、この島の歴史を語るうえで欠かせないものがある。天満宮だ。

その名のとおり、**菅原道真**を祀ってあり、建立は１４６９（文明元）年とかなり古い。もとは犬ノ島にあったものを１８９９（明治32）年に犬島に移転したもので、犬島港から徒歩15分ほどのところにある。

それにしても、なぜこんな瀬戸内海の小

さな離島にあの菅原道真が祀られているのか。

じつは、犬島と道真との間にはひとつのエピソードがあるのだ。

話は、菅原道真が朝廷内での陰謀によって左遷され、筑紫国の太宰府へと下向するときにまでさかのぼる。

道真がちょうど真夜中にこのあたりを船で通りかかると、風波が高くなり船がうまく操れず、潮に流されて遭難しそうになった。一行が必死で船を操って、なんとか助かろうと四苦八苦しているそのとき、道真は遠くで聞き覚えのある犬の声を聞いた。

その声に導かれるように島影へ行くと、目の前に犬の形をした巨岩が横たわっていた。しかもそれは、道真の愛犬とそっくりだ。道真は自分がかわいがっていた犬が自分を救ってくれたのだと思った。船が再び出発するときも、やはり犬の鳴き声が響き渡った。その声は、別れを惜しむように、天地に染み渡ったという。

この出来事をきっかけにして、道真は犬島本島の西にある犬ノ島の山頂に**犬石明神**を祀ったのである。

いまでもそこには、高さ約3・6メートル、回りが約15メートルもある巨岩があり、毎年5月に盛大な祭りが行われている。そんな縁から、この島には道真を祀る天満宮が存在しているのだ。

夕暮れる犬島（写真提供：『おきなわの離島 島の散歩』山岡成俊）

ちなみに、犬島は、あの桃太郎とも縁のある島である。桃太郎発祥の地は全国各地にあるが、その代表的な場所が岡山だ。かつて犬島には海賊が住んでいたといわれ、海賊のすみかではなかったかといわれる洞窟も残っている。そして海賊たちは、讃岐《さぬき》（現在の香川県）方面に出かけては略奪行為をして民衆を苦しめていたらしい。

そこで桃太郎が登場し、きび団子を与えて犬を家来にするわけだが、その犬が、犬島の島民たちではないかといわれているのだ。犬島の人々は優れた航海術を持つ船乗りで、その技術を買われて鬼退治、つまり海賊退治の手助けをしたというわけだ。

そんな話がもとになって犬島という名前になったという説も伝えられている。

ガジュマルの精霊が出現する島

沖縄県 ヤガンナ島	面積：0.03km² 周囲：不明 人口：0人

沖縄には多くの人々が暮らし、観光客の絶えない大きな島もあるが、中には小さな無人島もある。そんな島にわざわざ出かけていく観光客はほとんどいないが、無人島でありながら多くの人々に知られている島、沖縄の文化を語るうえで欠かすことのできない不思議な島もある。

そんな島のひとつが、ヤガンナ島だ。

沖縄県国頭《くにがみ》郡今帰仁村《なきじんそん》に属し、沖縄海岸国定公園にも含まれている。しかし、沢岻《さわし》集落の南西約0・1キロメートル、羽地内海にある標高30メートルほどの島内に人は住んでいない。完全な無人島だ。

ガジュマルの森

とはいえ、まったく何もいないのかというと、そうではない。なぜなら、このヤガンナ島にはあちこちに墓があるのだ。

島内には、亀甲墓、横穴堀込墓が数多く、数百年前から、付近の島の人々が葬られていたと考えられているのだ。そのために、いまでも墓の清掃などにこの島を訪れる人も少なくない。

また、この島から眺める付近の島々の眺めはみごとなほどの絶景として知られ、「沖縄の瀬戸内海」といわれるほどなのだ。

そしてもうひとつ、この小さな島は、あるものが出現することで知られている。**妖怪キジムナー**だ。

キジムナーは沖縄諸島周辺で言い伝えられてきた伝説上の生き物である。樹木、とくにガジュマルの古木の精霊だといわれている。

大きさは人間の子供くらいだが、全身が真っ赤、あるいは髪の毛や顔が真っ赤といわれる。手は木の枝のようにヒョロッと伸びており、一見、老人のようにも見えるという。また、古木の精霊だけに木そのものに見えるという説もある。

人間と同じように男女の区別があり、結婚して子供をつくり、家庭生活を営むキジムナーもいる一方、人間の家に嫁ぐキジムナーもいるといわれている。

人間の仕事の手伝いをしたり、かまどの火を借りにくることもあり、人間の暮らしと近いところで生きているとされる。さらに人間と親しくなるものもおり、年の瀬を人間の家で一緒に過ごすキジムナーもいたという話さえ伝えられている。

主食は魚介類で、とくに魚の左目が好物だ。なかには人間が漁をしている船に乗り込んでくるキジムナーもいる。キジムナーが乗った船は必ず船からあふれかえるほどに魚が獲れて大漁となるが、左目をキジムナーが食べるので、どの魚にも左目がないらしい。いずれにしても、人間に害を加えるようなことはない。

ただし、古木を切ったりすれば、キジムナーは怒って漁をしている船を沈めたり、家畜を殺すなどして徹底的に人間に嫌がらせをする。

また、キジムナーに気に入られた家は繁栄し、嫌われた家はそのまま滅亡するという話

【参考文献】

『行ってはいけない！ニッポン「不思議島」異聞』（宝島社）、『海にしずんだ島』（加藤知弘・関口シュン／福音館書店）、『海と島の思想』（野本三吉／現代書館）、『えっ？本当?! 地図に隠れた日本の謎』（浅井建爾／実業之日本社）、『大分県の不思議事典』（甲斐素純・渋谷忠章・段上達雄編／新人物往来社）、『大分県の民話』（日本児童文学者協会編／偕成社）、『沖縄島々旅日和』（Coralway 編／新潮社）、『図説 歴史で読み解く日本地理』（河合敦監修／東京書籍）、『地図帳日本の島１００』（山と渓谷社編／山と渓谷社）、『てくてく歩き21「石垣・竹富・西表島&那覇」（ブルーガイド編集部編／実業之日本社）、『長崎県の歴史』（瀬野精一郎・新川登亀男・佐伯弘次・五野井隆史・小宮木代良／山川出版社）、『名も知らぬ遠き島より』（日高恒太郎／三五館）、『日本の島ガイド SHIMADAS』（（財）日本離島センター）、『日本の謎と不思議大全西日本編』（人文社）、『日本地図の謎おもしろ島々地図』（地図ミステリー愛好会編／廣済堂出版）、『別冊太陽 日本の島』（平凡社）、『無人島が呼んでいる』（本木修次／ハート出版）、『楽楽 石垣・宮古・西表島』（ＪＴＢパブリッシング）、『るるぶ 屋久島 奄美 種子島'08～'09』（ＪＴＢパブリッシング）、『るるぶ 長崎'10』（ＪＴＢパブリッシング）、京都新聞、ほか

【参考ＵＲＬ】

asahi.com、大分県庁、沖縄テレビ放送、京都府、霧多布湿原ナショナルトラスト、御所浦・Ｎｅｔ、国土交通省関東地方整備局 東京湾口航路事務所、佐渡観光協会、史跡 佐渡金山、竹富町、竹富町観光協会、十島村役場、日本観光協会九州支部、福岡県庁、舞鶴市、松浦市役所、宗像市役所、屋久島町役場、ほか

【画像提供先ＵＲＬ】

「AOGASHIMA」 http://www18.ocn.ne.jp/~mubanchi/index.html
「DOKODEMO 野鳥」 http://dokodemo-yachou.cocolog-nifty.com/blog/
「reikoさんの四国発　山歩きレポート」 http://www.geocities.jp/reiko_suda/framepage5.htm

もある。この点は、東北地方の座敷わらしと似ている。

牧歌的な一面もありながら、人間を攻撃することもあるキジムナーは、沖縄全体で言い伝えられる精霊だが、それがヤガンナ島に限っては少し異なる。

もともとヤガンナ島は、墓が多いこともあって人の立ち入りが禁じられていた。もしそのタブーを破って島に足を踏み入れると、キジムナーが襲いかかってくるといわれていたのだ。この島ではキジムナーのことをとくに「精魔（セーマ）」と呼び、島に人が入ってくると、雄のセーマは性器を、雌のセーマは乳房を、その侵入者の口に突っ込んで殺すという話もある。

死者を葬った島を守ろうとしていたのか、何か他に理由があったのか、詳細はわからないが、死者の島であるヤガンナ島ならではの無気味な話である。

ちなみに、沖縄テレビ放送のマスコットキャラクターはこのキジムナーだ。初代は「もじゃら・もじゃり」で、いまは2代目の「ゆーたん」である。「ゆーたん体操」という音楽に合わせて子供たちが体操をするというものまである。沖縄ではキムジナーがそれほど親しまれているということだろう。

「Tokyo・Miracle・Jerk's」 http://ameblo.jp/tmj-miracle
「アウトドアーズ・コンパススタッフブログ」 http://plaza.rakuten.co.jp/komaps/
「昭JIJIの島旅賛歌＊参加」 http://blog.goo.ne.jp/akirajiji_2006
「天草市立御所浦白亜紀資料館」 http://www5.ocn.ne.jp/~g-museum/
「奄美大島☆撮影日記」 http://amami.exblog.jp/8515237
「太田昭生フォトギャラリー」 http://ww8.tiki.ne.jp/~syousei/
『おきなわの離島　島の散歩』（新日本出版社）『瀬戸の島じま　島の猫』（ネコ・パブリッシング） 山岡成俊　http://www.shimanoneko.com/
「隠岐の島散歩」 http://kameden.blog.ocn.ne.jp/blog/
「鹿児島県薩摩川内市」 http://www.pref.kagoshima.jp/kyoiku-bunka/bunka/museum/shichoson/satumasendai/doshidon.html
「神奈備にようこそ！」 http://kamnavi.jp/index.htm
「九州がんセンター　癒し憩い画像データベース」 http://iyashi.midb.jp
「愚だくさんブログ」 http://kamehameha.blog.ocn.ne.jp/kannonji/
「航空測量撮影士の部屋」 http://bandmaster.at.webry.info/
「古事記のものがたり」 http://www5c.biglobe.ne.jp/~izanami/index.html
「御所浦白亜紀資料館」 http://www5.ocn.ne.jp/~g-museum/
「四国鬼ヶ島観光協会」 http://www.onigasima.jp/
「スワンの涙」 http://swanox.exblog.jp/
「そよ風になって～」 http://couleur2.exblog.jp/
「旅と温泉と芋焼酎と…」 http://minkara.carview.co.jp/userid/126760/blog/
「太郎フニャ日記」 http://blog.livedoor.jp/uakio1/
「つれづれ通信」 http://sukapon-japan.blogspot.com/

「日本の車窓・雨男の紀行文」　http://www2s.biglobe.ne.jp/~kurume/

「備前市」http://www.city.bizen.okayama.jp/index.jsp

「福岡県」　http://www.pref.fukuoka.lg.jp/

「福岡ふるさとの歴史再発見」　http://www.educ.pref.fukuoka.lg.jp/bunka/index.html

「ひょうご歴史ステーション」　http://www.hyogo-c.ed.jp/~rekihaku-bo/historystation/

「舞鶴の守りたい自然　～自然環境データブック～」　http://www.city.maizuru.kyoto.jp/cgi-bin/odb-get.exe?WIT_Template=AC020000&Cc=7d821c0932351d2&DM=jopvfzptijjjxbub&TSW=

「宗像大社」　http://www.munakata-taisha.or.jp/index.html

「八重山島風」　http://www.ishigaki.fm/

封印《ふういん》された日本《にほん》の離島《りとう》

平成25年7月19日　第1刷

編　者　　歴史ミステリー研究会

カバー写真　野口克也

発行人　　山田有司

発行所　　株式会社　彩図社《さいずしゃ》

〒170-0005 東京都豊島区南大塚3-24-4 MTビル
TEL:03-5985-8213
FAX:03-5985-8224
郵便振替　00100-9-722068

印刷所　　新灯印刷株式会社

URL：http://www.saiz.co.jp
http://saiz.co.jp/k（携帯）→

 ISBN978-4-88392-931-3 C0125

本書は平成22年1月に弊社より刊行した書籍を文庫化したものです。